书中蝴蝶

中国当代藏书票

虎啸空谷兔月开 十二生肖

——沈泓 著

金城出版社
GOLD WALL PRESS

天津教育出版社

前　言

　　藏书票是贴在书的扉页或夹在书中表明藏书主人的标识，如用一句更简洁的话表述，藏书票就是代表藏书主人的标识。

　　艺术家通常采用木版、铜版、丝网版、石版等版画形式，创作各种美术图案的藏书票，署上"某某藏书""某某之书""某某爱书""某某珍藏"等字样，并印上国际通用的藏书票标志"Ex Libris"。作为小版画或微型版画，藏书票以其小巧玲珑、精美雅致的艺术性，被誉为"书中蝴蝶""纸上宝石""书中精灵""版画珍珠"等。

　　已故藏书票艺术大师杨可扬在《可扬藏书票》（上海人民美术出版社1994年版）一书中，从艺术家的角度概括藏书票："藏书票是外来的艺术形式，是实用与审美结合、图像与文字并重的一种特殊艺术品；同时，藏书票属于小版画或微型版画的范畴，幅面不大，但小而精，有自己灵活多样的形式，更有精深丰富的内涵，方寸之间天地广阔。它是供读书、爱书、藏书者使用的一种标志，也是书籍的一种美化装饰。"

　　杨可扬的这段话说明了藏书票的特点、形式和功能。

　　藏书票的构成有三个基本要素，一是图画，二是要有"Ex Libris"拉丁文标志，三是要有票主姓名，即"XX藏书""XX书票""XX的书"等。根据国际藏书票参展参赛要求，藏书票必须标明"Ex Libris"一词，有时还要标明"XX藏书"。

　　藏书票的功能是表明书的主人，在功能上，藏书票和古代藏书章一样，只不过藏书章是盖在书上，藏书票是粘贴在扉页或夹在书中。它们皆为藏书的标志，均表明藏书的主人。

藏书票从20世纪初在中国出现，20世纪80年代在中国兴起，20世纪末至今蓬勃发展，得到越来越多读书人的青睐，也受到众多藏家的追捧。

藏书票的收藏价值首先是由其艺术价值决定的，每一张藏书票都是一幅画，富有隽永的艺术魅力；其次，藏书票题材广泛，内容丰富，包罗万象，蕴涵丰富；再次，藏书票是艺术家亲手刻印的版画原作，印量极少，一般只印10张到100张，多亦不过200张，物以稀为贵。此外，藏书票票幅小，犹如一张邮票小型张，易于收集，易于保存，因此越来越多的收藏爱好者视其为收藏珍品。

作为舶来品，藏书票在中国只有大约110年的历史，经受战乱、时局等影响，只有极少数版画艺术家和知识分子接触过藏书票，直到改革开放以后，藏书票才枯木逢春，逐渐复苏并迅速发展。

由于藏书票是新生事物，一切都在探索和发展中，很多方面都没有形成定式。如藏书票的命名就没有一定之规，即使同一个作者对同一张图，也常有两种命名。通常情况下藏书票的命名有三种方式：以票主命名，如"XX藏书"；以画面主题或题材命名，如"仙人掌"；作者自己写了题名。原则上一般首选作者写的题名，但为保持藏书票命名的统一，本书中的藏书票主要采用票主命名的方式，创作年份不详的不标注。

藏书票是一个珍珠闪烁、宝石耀眼、蝴蝶翩飞、五彩缤纷的世界，愿"书中蝴蝶：中国当代藏书票"丛书带您走进这个绚丽而神奇的世界。

目录 | CONTENTS

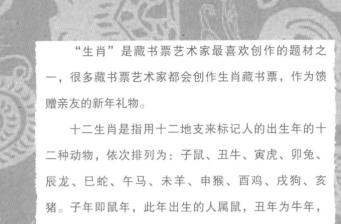

　　"生肖"是藏书票艺术家最喜欢创作的题材之一，很多藏书票艺术家都会创作生肖藏书票，作为馈赠亲友的新年礼物。

　　十二生肖是指用十二地支来标记人的出生年的十二种动物，依次排列为：子鼠、丑牛、寅虎、卯兔、辰龙、巳蛇、午马、未羊、申猴、酉鸡、戌狗、亥猪。子年即鼠年，此年出生的人属鼠，丑年为牛年，此年出生的人属牛，寅年为虎年，此年出生的人属虎，依此类推。

　　十二生肖是中国传统文化的结晶，是宝贵的文化遗产，流传了数千年，形成了奇特的生肖文化，有着十分丰富的内涵，是中国民间艺术长盛不衰的题材，也是藏书票艺术家非常重要的表现对象。本书荟萃了当代藏书票艺术家创作的一批生肖藏书票精品。

杨可扬：飘逸飞龙，独往独来

飞龙行空，独往独来。笔者不知道艾以是不是属龙，即使不是，他也一定有飞龙行空的能量和自由不羁的性格。

杨可扬的《艾以藏书》画面灵动、飘逸，充盈着浪漫气息，展现了自由、独立精神。

九节龙的表现写意而抽象，没有描绘具象的细部，如龙鳞、龙爪，而是表现了竹筒般的龙身，一节一节，仿佛竹制的民间工艺品。龙身是黄色的，龙的眼睛黑白分明。龙是有曲线的，之字形的龙身十分优美。

两朵红云在天上飘呀飘，云是龙故乡。

"藏书票"代号的阿拉伯文"EX LIBRIS"顺着龙的曲线依次散落在三处，错落有致。

作者喜欢用一种粗犷的线条表现画面，风格浑厚而凝重，一眼就给人经久难忘的深刻印象。然而，仅有粗重，可能会囿于瘦硬和干涩，杨可扬还有细腻的一面，在一些细部又有非常秀丽的细节，这些细腻和秀丽往往隐藏在容易被人忽略的地方，细细品味，常常出人意料，平添隽永的魅力。

梁栋：以龙驮书庆回归

飞龙在天，驮着书，跨越千山万水，表现了时空之遥远，又是如此渺小。梁栋的《热烈庆祝香港回归》藏书票通过天上的飞龙，表达了回归心情之迫切，之激动，之喜悦。

这枚藏书票技法老到，色调和谐，线条简括，不蔓不枝，寓意深远，表现了老艺术家驾驭重大主题游刃有余的深厚艺术功力。

很多藏书票艺术家都创作过龙图藏书票，如阎敏、杨春华、吴家华、刘硕仁、莫测、骆文冠、张德光、段光辉、龙开朗、黄雅峰、田丹丹、王富强、金平、陈夏青、郑大戈、孙培伦、罗力等，他们以多种方法和技巧表现了形形色色的龙，其中梁栋的《热烈庆祝香港回归》和杨可扬的《艾以藏书》中的龙最富代表性。

◆ **热烈庆祝香港回归**

梁栋1997年作

易阳：灵动的生肖

易阳的《虎年大威》藏书票，不直接画仰天长啸威震山林的百兽之王的虎威，只刻画虎头特写，突出微张虎口的獠牙，坚硬如刺的胡须，虎头上的王字纹，已将虎威和盘托出。

这张藏书票画的是"虎年大威"，不是老虎大威。"虎年"有贺年之意，贺年讲究的不是威风，而是祥和。《虎年大威》不是要突出老虎的凶悍，而是要表现老虎作为虎年生肖动物的吉祥。故而，虎威是不怒自威，有本性的威，也有生肖文化的祥。

在民俗文化中，有的人认为虎谐音"福"，人们贴虎于门，是祈求幸福。《虎年大威》中老虎的眼睛是祥和的，甚至是慈祥的，是吉祥之虎。这是易阳对主题的准确把握。

◆ **虎年大威**

易阳1997年作

　　《丙申双吉》亦名《猴年大吉祥》，刻画两只猴子读一本书，书的封面书名是拉丁文的"藏书票"，封底写2016，表明这是丙申年贺年藏书票。

　　《丙申双吉》藏书票上，两只猴子手持放大镜，认真地看一本藏书票书。猴子大大的眼睛充满新奇和求知欲，如痴如醉的样子惹人喜爱，也说明书中的藏书票之迷人。

　　这张藏书票是笔者所见的易阳第一张生肖双吉藏书票，绘刻得十分精细，猴子的毛发丝丝可辨，灯光照射下猴子鼻子上的斑点也清晰可见。猴头上的红色毛发、顶上红底白色水珠，营造的画面色彩丰富而迷人。

◆ **丙申双吉**

易阳2016年作

丁酉是鸡年，《丁酉双吉》刻画了两只大公鸡，器宇轩昂，张喙相斗，互不相让。武勇，是大公鸡的性格，也是鸡之德性。在中国传统文化中，鸡自古就被赋予"德禽"之称。

鸡为辟邪之神。民间传说尧在位时，常有恶虎下山，妖魅出林，肆虐为害，百姓视为祸患。后来有个国家献来一只重明鸟，别称"双睛"，形状和普通的公鸡一样。重明鸟疾恶如仇，能奋翮翻飞，激喙扬爪，专门搏逐猛兽妖魅，使它们不敢造孽。

鸡能避邪也能致吉，旧时民间婚俗迎娶时，男女双方都分别备大公鸡和肥母鸡一只，称作"吉人"，意为祝福新人吉祥如意。

鸡谐音"吉"，传统年画中，常画一大鸡，寓意大吉大利。

丁酉鸡年，易阳绘刻两只昂首挺胸、栩栩如生的大公鸡，看似斗勇，实则描绘出了鸡的德性，与中国历史悠久的传统文化相吻合。

全图采用鲜艳的红色，表现了鸡年红红火火、大吉大利的美好祝福。

◆ 丁酉双吉

易阳2017年作

《己亥双吉》是易阳"生肖系列"藏书票中最重要的一张，其创作灵感源自世界第一张藏书票《刺猬》。

《刺猬》由德国艺术家创作于1450年（一说1470年，一说1480年），图上绘一只活灵活现的刺猬，口衔着一枝野花，上端缎带上书写一行德文"慎防刺猬一吻"，有警示作用。

易阳于2019年创作《己亥双吉》藏书票，有意将猪的獠牙、耳朵和毛发刻画得和刺猬一样，猪毛像刺，蹄子像匕首，牙齿锋利无比。画面上一头猪在笔记本电脑上敲打键盘输入，另一头猪手持手机入迷地望着电脑屏幕。画面上端也和《刺猬》藏书票一样，飘拂的缎带上书写一行中文和一行英文："谨防网络成瘾"。

易阳对笔者谈到这张藏书票仍禁不住喜形于色："非常有意思！世界上第一张藏书票《刺猬》诞生于西方，这是500多年后中国藏书票艺术家向西方第一张藏书票致敬，说明中国藏书票与西方文脉相通。"

独特的创意，非凡的技法，总是能收获喜悦。《己亥双吉》在中国美术界乃至世界藏书票界都引起了巨大反响，《美术报》破例整版放大刊发这张小小的藏书票；在第38届国际藏书票大会上，国际藏书票联盟主席等海外艺术家和收藏家都非常喜欢这枚藏书票，给予了高度赞赏。

易阳2019年作

庚子年生肖属鼠，《庚子双吉》刻画两只鼠，大提琴的琴头还刻有一只小鼠。两只鼠一只拉大提琴，一只看书，拟人化的手法，将它们刻画得一本正经，具有人类的庄重风度。

色彩采用巧克力色，构图为被啃食的巧克力，表现两只大耳朵的吉祥家鼠，在甜蜜的生活中幸福地读书、娱乐。

鼠的手指、藏书票拉丁文字母和年份数字等采用金色点缀，部分画面采用水珠技法，这些元素丰富了这张生肖藏书票的表现力。

◆ 庚子双吉

易阳2019年作

在《辛丑双吉》藏书票中，两只牛依偎在一起，各自捧读一本书。这张藏书票采用了拟人化的手法，但并非完全将牛人化，捧书的不是手指，而是牛蹄。牛的角、牛的耳朵、鼻子及牛的脸部，都是具象写实的。

左上一支载人火箭腾空飞驰，女宇航员舞动双手，飘带如飞天飘舞。

易阳的藏书票多有水珠技法创作的星球图，太空情结或源于屈原《天问》："九天之际，安放安属？""日月安属，列星安陈？"2020年是我国航空航天取得重大成就的一年，5月5日中国新载人飞船试验船随长征五号B运载火箭成功首飞；6月23日北斗系统第55颗导航卫星搭乘长征三号乙运载火箭成功升空；7月23日天问一号搭乘长征五号遥四火箭升空，开启火星数亿千米旅程；11月24日嫦娥五号发射成功，挑战月球采样返回。

创作贺年藏书票之时，正是辞旧迎新之际。易阳创作《辛丑双吉》送来2021年牛年祝福的同时，也忠实地记录了2020年中国航天航空事业的突飞猛进。

◆ 辛丑双吉

易阳2020年作

《壬寅双吉》是易阳创作的"双吉"生肖系列藏书票的第7张，采用铜版腐蚀技法、飞尘技法、水珠技法、描金技法制作。

易阳创作这张藏书票时，研究了古今中外大量关于老虎的绘画，对老虎的外貌特征和习性都作了充分研究。

《壬寅双吉》采取圆形构图，圆形大图中又套有两个小圆球。

这正是基于对中国传统文化的深刻理解而生发的。两虎呈圆形顺时针行走，中国哲学经典《易经》认为，宇宙万物都是永恒地循着周而复始的环周运动，一切自然现象和社会人事的发生、发展、消亡，都在环周运动中进行。藏书票上两虎的环周运动就是圆周运动，体现了中国传统文化和中国古代哲学的圆道观。

《壬寅双吉》藏书票中还暗藏有一个秘密，左边淡紫色的纵横纹线，印有易阳的手掌印纹。所以此幅藏书票无需刻写"易阳"的名字，也无需印章，天然具有作者版权标志，也是无法造假的防伪标志。同时，手掌印纹也为欣赏铜版藏书票之印痕，增添了隐秘的新趣致。

◆ **壬寅双吉**

易阳2021年作

姜琳：精雕细刻背景纹

姜琳的"十二生肖"系列藏书票构图别具匠心。生肖动物图并不大，就像邮票小型张一样，甚至比邮票小型张的图案画幅更小，大约只占据七分之一的画幅，而背景装饰纹占据了其余的大部分画面。

因此，这套藏书票的创作难点不在生肖动物图案，而在背景的木纹上。这些木纹看似木料剖面本身的自然纹理，其实不然，这是姜琳一刀一刀刻出来的。每一张画幅的木纹肌理都不一样，就是同一张画幅上的木纹肌理也不相同，可见画家在这些细密变化的木纹上下了多少功夫！

鉴赏的趣味也在背景木纹，就和乐清细纹刻纸一样。乐清细纹刻纸也是中间主图很小，而在背景装饰纹上精雕细刻，刻到细微之极，便成鬼斧神工！

姜琳的这套"十二生肖"藏书票显然受到乐清细纹刻纸的影响，连中间的主图也是剪纸风格，类似乐清细纹刻纸的中间造型。只不过，乐清细纹刻纸讲究线条的规整、装饰纹的不断重复，而姜琳的作品背景纹追求的是不规整不重复，是艺术的灵性和自由。

单纯的木纹背景就已令人叹为观止，而姜琳并不满足于此。考虑到单纯木纹看多了会显得单调，姜琳在木纹之上加上了细细的黑色线条构成装饰性框线，犹如古典花窗，承载丰富的传统文化底蕴。12张藏书票每一张的框线构成都不一样，使木纹背景更显空灵和雅致。

12张藏书票的颜色也十分讲究，每一张的色彩都有变化，淡淡的色彩颇具特色，清新雅致，赏心悦目。

每一张藏书票的题名都是四个字，以黑色的书法字体刻写在红色生肖动物图旁，犹如画龙点睛，突出了生肖动物的吉祥喜庆，寓意对新年的美好祝福。

总之，姜琳的"十二生肖"系列全套藏书票灵性的创意、创新的设计、精湛的刀法，背景木纹与主图的完美结合，纹图融洽和谐，规格统一，风格一致，这些精彩要素共同构成了其隽永的艺术魅力，是中国生肖系列藏书票的精品。

◆ 鼠兆丰年　　　　　　◆ 牛气冲天

姜琳2016年作　　　　　　姜琳2016年作

◆ **虎虎生威**   ◆ **玉兔吉祥**

姜琳2016年作   姜琳2016年作

◆ 飞龙在天

◆ 灵蛇之珠

姜琳2016年作

姜琳2016年作

◆ **马到成功**　　　　　　　◆ **喜气洋洋**

姜琳2016年作　　　　　　　姜琳2016年作

◆ 金猴奋进

◆ 金鸡报晓

姜琳2016年作

姜琳2016年作

◆ 玉狗迎春　　　　　　　　◆ 猪拱华门

姜琳2016年作　　　　　　　姜琳2016年作

丁立松：巨龙搏水马奋蹄

丁立松创作的两张龙题材藏书票构图不同，风格不同，但都独具风貌。

《龙年大吉》之龙生肖取自汉画像石和汉瓦当中的龙图案，红霞满天，红龙从天而降，一组少儿手牵手欢歌曼舞迎向飞龙。藏书票表现了龙腾盛世，中华儿女团结一心，共庆中华巨龙腾飞。

《尚水斋受赠之书》刻画波卷浪飞，巨龙搏水，大有"四海翻腾云水怒"之气势。定睛看时，波涛是书生成，既寓意知识如海、书海无涯，又巧妙地点出了《尚水斋受赠之书》的票主趣味。尚水斋是票主书斋名，尚水斋主人黄显功是上海图书馆工作人员，图书馆是书的海洋，所以画面是由书渐变成海洋的波涛，黄显功就是在书的海洋里嬉浪的龙。

丁立松的五套色木刻《尚水斋受赠之书》藏书票构图文雅，刀法娴熟，在刻画波浪和龙纹的精细上显示了画家深厚的功力和技巧。

◆ 龙年大吉

丁立松2012年作

红霞满天，丁立松的两匹马飞腾跃起，如天马行空。

2002年又逢马年，丁立松创作了这张《立松恭贺新禧》双马藏书票，和十二年前的《奋蹄居藏书》藏书票不同，这张藏书票表现的是生龙活虎的腾空飞跃的骏马，是写实的马。相同的是，这张藏书票仍采用了橙红色底色，表现了对时代的信心和礼赞。

《奋蹄居藏书》是丁立松的重要作品。

马的造型吸收了商周青铜器、汉画像石、初唐昭陵六骏石刻的艺术特色，凝聚提炼为丁氏之马。尤其是马腿的线条，并不粗壮，而是纤细的，但纤细却不失劲健，如此处理是丁氏独创，形成了秀逸刚健的审美效果，或许还有丁立松对骏马的独特理解和自况写照。

生命不息，奔腾不止；与此同时，千里马日行千里，天马行空日驰万里，迅疾如风如电又如光，如此疾驰的骏马是看不清马腿的，感觉到的只是细细的一线，因此纤细的马腿，恰能表现奋蹄之疾。

马的造型采取黑色轮廓剪影形式，只是在马腿胯骨肌腱上敷以淡淡金色。这一弧形敷金，恰是神来之笔，使剪影造型的马，有了立体雕塑的效果，活脱脱直追昭陵六骏之气势。

这枚藏书票的色彩也独具匠心。主色调是橙色，橙色代表积极、进取、乐观和光明，洋溢着浪漫主义精神，橙色背景色完美烘托和清晰衬托出黑色骏马的矫健身影。

下面一根绿色粗线从马的后蹄铺展向前，代表绿色大地。经过20世纪80年代初文艺的春天，80年代改革开放、思想解放运动，90年代初的祖国大地春意盎然、前程似锦。绿色寓意大地春天，这是最好的时代，奋蹄骏马脚踏大地，头顶太阳，向着理想和光明飞奔。

绿色线条之上错落平行一条橙色线条，介于淡黄色向上渐变橙色之间，丰富了装饰效果，也凸显了骏马向前奔驰的速度感。

右上一轮光芒四射的太阳，紧贴太阳交错而出的白色月牙，代表日月——白天和夜晚。时光正好，怎能不一马当先，争分夺秒，日夜兼程！

《奋蹄居藏书》创作于1990年，这张藏书票是丁立松理想追求的写照，是他人格、信念和精神气质的写照，更是一个朝气蓬勃时代的写照。

《奋蹄居藏书》也获得了藏书票界和学术界的高度评价。北京鲁迅博物馆研究员李允经在2000年出版的《中国藏书票史话》一书中写道："丁立松的书票代表作，当推《奋蹄居藏书》。这枚水印套色木刻书票十分讲究色彩和

水印效果，注重浓淡、虚实的变化……正是在这些微妙之

处，更显出一位书票艺术家精益求精的创作态度和孜孜不

倦的艺术追求。这幅自用书票之所以被视为精品，还因为

它反映出当代知识分子群体热爱祖国的精神面貌。"

◆ 立松恭贺新禧　　　　　　◆ 奋蹄居藏书

丁立松2002年作　　　　　　丁立松1990年作

张家瑞：美源自真善本性

张家瑞创作的生肖藏书票相当多，纵观其作品，可大体将其归为四大类。

第一类是民间美术类。张家瑞借鉴和吸收民间美术元素，如民间剪纸、年画、泥塑、布艺、皮影等，融会贯通，提炼升华为版画艺术，如《家瑞书票》，就采用和吸收了民间布艺造型。

第二类是古典艺术类。他借鉴和吸收了汉画像石、汉代瓦当、古代青铜器、玉器、铜镜、石雕、绘画等图案元素和造型风格，这类生肖藏书票起到了传承发扬中华优秀传统文化的作用。

第三类是自由创造类。张家瑞创作了一批源于生活、高于生活的生肖藏书票作品，如《家瑞本命年珍藏》等。

第四类是名人名画类。这类生肖藏书票比较多，主要是华君武的漫画，还有黄永玉等名家富有漫画韵味的小品画。这类生肖藏书票较为独特，可以说是张家瑞独特的创造。如韩美林原作《桂焕书票》等。

其中最多的是华君武漫画原作，本书选录了华君武原作、张家瑞改编设计再创作的《戊戌横夫本命年珍藏》。张家瑞以藏书票的形式，提取和还原了华君武原作的诙谐幽默，寓意深刻，刻画得一丝不苟，栩栩如生。

◆ 家瑞书票　　　　　◆ 家瑞本命年珍藏

张家瑞2002年作　　　　　张家瑞2017年作

　　而《焦萌珍藏本》和《夫唱妇随》是张家瑞创作的"华君武"系列漫画藏书票中的两张。华君武寥寥数笔，将虎和鼠刻画得惟妙惟肖、活灵活现，其艺术之高妙自不待言。张家瑞将大师的绘画重新构图为藏书票，底纹颜色和纹路的选择，文字的布局，都恰到好处，最难的是将毛笔绘出的线条转换为木刻刀下的线条，张家瑞以其高超的木刻技法，在忠实再现原作面貌的同时，赋予了原作版画形式新的生命。

　　关于《焦萌珍藏本》这张生肖虎藏书票，还有一个故事。张家瑞策划"华君武"漫画生肖特种封，说到虎年封时，他描述："虎年，我自作主张，曾将封上漫画色彩加艳，印出后，却不尽如人意，与华老的惯常漫画不甚和谐。但华老对此并没有说什么。春节过后，华老捎来一信，信上画了一只着色老虎，那老虎喜人的憨态，着色的简练用笔，方使我恍然大悟：原来应该如此！华老也许无意，我却从中受到启迪。"

◆ **焦萌珍藏本**

张家瑞作

他如此痴迷于华君武的漫画题材，是有因缘的。

早在中学时代，张家瑞就是华君武的超级粉丝。20世纪60年代初，华君武慧眼识珠，将张家瑞的一些版画作品推荐发表在《人民日报》上。忆及此，张家瑞充满感恩之情："华老的热情鼓励，撰文评介，成了我后来岁月里不懈努力的重要鞭策和动力。"

一次，华君武让张家瑞为他选一本册页，张家瑞不知何用，没想到，华君武将他的15张漫画代表作画在册页上，赠送给他。这是一份怎样的深情！正如黄永玉在册页题跋所写："今家瑞得此宝册，乃知遍国中拥此册者，仅三二人也……"

张家瑞进京，华君武盛情邀请他入住"五星级客房"，所谓"五星级客房"就是华君武的画室兼书房，放一张行军床。能享受这一五星级待遇的可能仅张家瑞一人。华君武知道张家瑞爱集邮，将国内外画家朋友的签名封全部转赠给他，并题上"宝剑赠英雄，红粉送佳人"。此后，华君武不断地给他寄邮品，不是一件两件，而是几十件地常寄不忘。华君武每次出国，都要在所在国给他寄一张明信片，凡参加的大会，都不忘在会场给他寄实寄封，有时甚至是几十位与会代表的签名封。最难得的是，20多年来，华君武每年都不忘为他画一张生肖封。

◆夫唱妇随

张家瑞作

　　而张家瑞的藏书票已形成鲜明的个人风格，构思奇

巧，造型洗练，刀法简洁，色彩淡雅，秀丽而雄浑，清新

而刚健。

◆ **无题**　　　　　　　　◆ **桂焕书票**

张家瑞2003年作　　　　　张家瑞2017年作

邵黎阳：俏皮，还是俏皮

邵黎阳的生肖动物藏书票主要采用木刻技法，也有少量塑胶版和腐蚀版干刻技法。他善于抓住生肖动物的特点，采取写实与夸张结合的手法，将生肖动物的个性刻画得活灵活现。

从笔者藏品看，猴生肖动物相对较多，这里选录几张。其中《福春藏书》几乎是票主出题对画家的考试。票主是位古诗词专家，属猴，要求以此做一枚藏书票，别无指定。这张《福春藏书》便是邵黎阳的一份优秀"答卷"。

画面上一只猴子高高举着桃子，背景是唐诗名句"松下问童子，言师采药去"。古诗中的"药"字被桃子完全挡住，于是这句诗变成了"松下问童子，言师采'桃'去"。画出了猴子的活泼调皮，也表达出了桃作为祝寿之仙果，是对票主生肖年的巧妙祝福。巧意与诗句重合，这是创作中构思重要性的一个例子。票主的满意也证明了邵黎阳创意的成功。

《福春藏书》为塑胶版，运刀轻松，猴子神态俏皮生动，藏书票充满了风趣和诙谐。

《甲申猴》采用腐蚀版干刻技法，刻画一群猴在树丛中腾挪跌宕，画面活泼。

◆ 福春藏书　　　　　　　　　　　◆ 甲申猴

邵黎阳2014年作　　　　　　　　邵黎阳2004年作

《纪民藏书》采用水印木刻手法，刻画一只小猴拉起自己长长的尾巴玩耍，小猴的顽皮跃然纸上，自娱自乐的表情惟妙惟肖。

《于江2008藏书》采用黑白木刻，刻画两只鼠蹲在书上，各举一个字——"戊""子"，表明这是戊子鼠年。按照中国传统干支纪年法，戊子是一个循环中的第二十五年，戊子的前一位是丁亥即猪年，后一位是乙丑即牛年，这是十二生肖的轮回规律。老鼠本是不招人喜欢的动物，然而生活中令人讨厌的鼠，在邵黎阳的艺术作品中变得十分可爱。

◆ 纪民藏书　　　　　　　　◆ 于江2008藏书

邵黎阳作　　　　　　　　邵黎阳2008年作

《韦泱写书》刻画一只戴眼镜的狗捧着一本书，狗的神态显得忠厚纯朴，眼神中带有思考。韦泱本名王伟强，系中国作家协会会员、上海市作家协会理事。藏书票上有书，有文稿，还有一支点燃的蜡烛，皆与"写书"相关。红色藏书票拉丁文字样环绕蜡烛一圈，犹如蜡烛燃烧的光焰，安排巧妙。

◆ 韦泆写书

邵黎阳2018年作

《牛年吉祥》刻画一只老牛戴着眼镜，坐在沙发上看《人民日报》。拟人化的表现，细节考究，就连脚上勾着一只拖鞋的细节都十分传神。

◆ **牛年吉祥**

邵黎阳2021年作

张翔：闪烁民间艺术的光彩

张翔的生肖藏书票富有深厚的传统文化底蕴，其绘画表达是以民间美术元素为载体——民间泥塑、民间面塑、民间剪纸、民间年画等民间艺术，其绚丽的色彩，多元的吉祥意蕴，富有意味的形式和装饰性的图纹，在他的藏书票中闪烁着迷人的光彩。

《己卯年藏》采取剪纸窗花形式，在一格格有规律的古典窗棂上，一只剪纸造型的兔子蹲在窗户中央，憨态可掬。兔子因为是白色的，古人不常见，故而将其视为祥瑞之物。红毛兔称为赤兔，比白兔更为罕见，因此被誉为"王者盛德则至"。同是剪纸，与金平等藏书票艺术家的剪纸兔相比较，张翔的剪纸兔具象中有抽象，注重吉祥纹的布局和细微部位的变化。

《泥牛》是张翔套票《泥玩具》之一，吸收和借鉴了民间泥塑的构图和色彩，经过艺术提炼，以水印木刻技法创作，淡淡的水墨晕染效果和红绿相间的色彩，令人赏心悦目。

◆ 己卯年藏　　　　　　　　　　◆ 泥牛

张翔1998年作　　　　　　　　　张翔1990年作

《癸巳》是张翔为蛇年创作的一张生肖藏书票。蛇听起来令人恐惧，但在民俗艺术中象征长寿、吉祥、生殖、喜庆等。菱形画面上刻画一条卷曲的蛇，是剪纸等民间美术中常见的造型，将其置于倒贴的福字上，倒贴的福字寓意"福到"。福字与蛇图结合，加强了蛇年的祝福意味。

《乙未年》藏书票刻画一只彩色生肖羊，再现民间面塑和民间泥塑造型。黄绿色的底色背景凸显五彩斑斓的羊浑身喜气吉祥，金黄色肥大卷曲的羊角，就像佛八宝中的法螺，可镇宅驱邪、增福纳祥。赤红的饱满前胸，寓意生活红红火火、幸福美满。羊身上的四瓣花为桂花，寓意富贵、四季如意、岁岁太平。

羊生肖藏书票的泥塑造型源出凤翔泥塑，原泥塑为陕西凤翔民间泥塑艺术家胡新明创作，国家邮政局将其作为2003年羊年生肖邮票主图案印制发行。

张翔的《乙未年》彩羊藏书票图案已不同于原泥塑，而是经过艺术提炼后的新创作。藏书票的左上写有5个字——"万事善为先"，借羊喻人，提醒人们做人要善良。

◆ 癸巳　　　　　　　　　◆ 乙未年

张翔2012年作　　　　　张翔2014年作

《丁酉大吉》亦是借鉴、吸收民间泥塑和面塑构成元素，经过提炼升华而创作的一幅富有浓郁民间美术色彩的藏书票。鲜艳的红色，寓意鸡年红红火火、大吉大利；昂首朝天啼叫的神态，表现了一唱雄鸡天下白的鸣早功能，给人以昂扬奋进的力量。

张翔的版画藏书票或许不是热门作品，但在学术界和评论界获得了很高评价。上海人文松江创作研究院执行院长陆春彪将张翔作品的艺术魅力概括为"有意识的生活表达"。陆春彪说："张翔版画大多以黑白为主，色彩虽看似单一，这其中传递的是中国传统思想的整体包容性。它以阴阳为核心，阴阳者即是气，是无形之功……让人面对作品便能想象出，作者在创作时通过刻刀运力变化来尽显阴阳属性之灵，常用形的显性或隐性轴线，激发色的明度对比。画面是静止的，意象是灵动的，丰富的力速传递和演变，把静止和绝对运动凝结于耐人寻味的多维空间之中。"

◆ 丁酉大吉

张翔2016年作

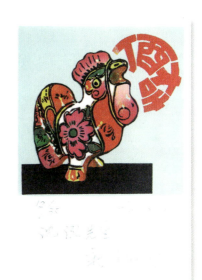

赵方军：热烈昂扬，云龙交融

《方军藏书》藏书票上刻画的龙线条细腻，具象而不呆板。鲜红的色彩犹如火球，表现了龙昂扬热烈的生命力。飞动的龙与云气交融，似为生命与信念神游天人之间。

◆ **方军藏书**

赵方军2000年作

张嵩祖：赋予磅礴与遒劲

张嵩祖藏书票集中在名人肖像创作上，生肖藏书票并不多，但每一张都是精品。

《北京申奥委藏》藏书票刻画了一条巨龙在东方觉醒，横空出世，国人面向巨龙，欢欣鼓舞。十二生肖中，绝大多数动物都是现实生活中真实存在的，唯有龙是虚构的。张嵩祖将其刻画得大气磅礴，犹如巍峨长城。

《嵩祖刻藏》《羊年》是张嵩祖专门为新年创作的生肖藏书票，这两张生肖藏书票构图独特，不落窠臼。藏书票下面是生肖动物鸡和羊，上面大半个画面刻写生肖名称"鸡""羊"，底纹是光芒四射的太阳发散万道光芒，线条遒劲有力，给人一种震撼的视觉效果。

◆ **北京申奥委藏**

张嵩祖2001年作

◆ 嵩祖刻藏

张嵩祖2005年作

◆ **羊年**

张嵩祖2015年作

周志清：别具匠心的张力

周志清的4枚一组敦煌题材的飞天与龙共舞的藏书票，想象奇特，只有采用铜版画技法才能表现出如此精细的纹理，画家将龙纹龙须和飞天的眉目刻画得一丝不苟。

4枚书票风格一致，然而又同中有异：每一枚龙的品种都不相同，每一枚飞天的乐器和姿态也不相同，可见画家的苦心和匠心。

◆ **景文藏书（一）**　　　　◆ **景文藏书（二）**

周志清2000年作　　　　　周志清2000年作

◆ 景文藏书（三）

周志清2000年作

◆ 景文藏书（四）

周志清2000年作

阎敏：独特纸版皱褶

阎敏的藏书票作品通过采用纸版，运用皱褶技法，形成了他独特的艺术风格。

《万基藏书》中的兔子以凸凹纸版的深沉形式，表现了兔子丰富的纹理和立体感。兔子轻抬前右脚，举步踟蹰，机警环顾的神态煞是可爱。画家捕捉了兔子最具典型性的瞬间，给予其传神的表现。

阎敏的作品受故土乡情的熏染，他对家乡素朴灵秀的乡情文化和特殊的生活韵味具有敏锐的感受力。艺术家对家乡的深情，对家乡的爱在他的刀笔之下，得到了尽情的倾吐和宣泄。无论是他的版画，还是他的藏书票，都是他家乡情结的淋漓展现。

◆ **万基藏书**

阎敏1999年作

王昆：意外之象

　　王昆的生肖藏书票均采用木刻绝版套印，保持了他想象奇特、造型夸张、刀法细密、色彩绚丽的艺术风格，跳荡的思维、纷呈的意象、意外之象迭出，沉浸在自我世界的汪洋恣肆的张扬，画面始终富有饱满的内在激情，处处闪烁着才华的灵光。

　　王昆的版画藏书票在国内外频频获得大奖。2015年12月，"十二生肖藏书票"获得北京市教师美术作品展一等奖；2016年8月，获得保加利亚第二届国际藏书票大展银奖；2017年12月，获得第五届全国青年藏书票艺术展最佳藏书票奖；2018年1月，获得第三届全国教师版画展金奖；2018年8月，获得保加利亚第三届国际藏书票展荣誉奖等。

　　本卷收录其5张生肖藏书票作品，其中《乙未年》获第四届全国青年藏书票暨小版画艺术展最佳藏书票作品奖。

◆ 乙未年

王昆2014年作

◆ 甲午年

王昆2013年作

王昆2015年作

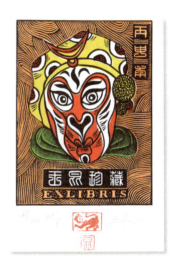

◆ 丁酉年

王昆2016年作

◆ **己亥年**

王昆2019年作

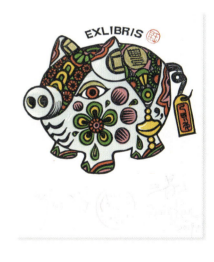

黄务昌：木刻奏刀自如

　　黄务昌的这5张生肖藏书票全部是黑白木刻作品，或阴刻，或阳刻，或阴阳交错巧妙转换，刻画的生肖形象简洁、明晰、传神，富有独特韵味。各种口径的刀触为造型服务，刀与刀之间的疏密、松紧奏刀自如，表现了黄务昌长期从事木艺的熟练经验。

◆ 龙年贺春

黄务昌2011年作

◆ 甲午贺春

黄务昌2014年作

◆ **乙未贺春**   ◆ **壬寅大吉**

黄务昌2015年作   黄务昌2022年作

聂雁龙：和盘托吉意

聂雁龙的这两张生肖藏书票在形式上别具一格，采取椭圆形构图，生肖动物居于银盘中，给人和盘托出的吉意。这类构图形式在中国少见，但多见于西方藏书票，西方早期藏书票史上流行一种徽章藏书票，常以这种椭圆形构图，为贵族之家的标志。

◆ 雁龙藏书·西鸡　　　◆ 雁龙藏书·申猴

聂雁龙2016年作　　　　聂雁龙2016年作

◆ 雁龙藏书 · 丑牛

聂雁龙2017年作

◆ 雁龙藏书·辰龙

聂雁龙2017年作

　　《雁龙藏书·吉羊翘首》构图简洁，没有任何装饰，只有一个羊首，但简洁中有细节。羊首的毛须茂密繁杂，一根根一缕缕需要极有耐心一刀刀刻画。聂雁龙密集奏刀，线条顺毛而为，合规律中又有变化，犹如工笔画，又有自由挥洒，将温柔的羊儿刻画得柔中有刚，刚柔并济。

◆ 雁龙藏书·吉羊翘首

聂雁龙2015年作

狗是人类忠诚的朋友，忠诚是它的性格，性格出自心灵，心灵体现在眼睛——眼睛是心灵的窗户。聂雁龙的两张狗生肖藏书票中的焦点是狗的眼睛，一下子就能将观赏者的视线聚焦于此，这是聂雁龙刀笔的强悍之处。

还不仅如此。这画中狗的眼睛是忠诚的、温驯的，眼神中或对人类有了一丝不信任的迟疑和忧郁，这是狗性对人性的审视，表露出悲天悯人的意味。

生肖藏书票通常都只是对动物的具象描摹或抽象展现，即使对艺术技法和形式探索取得一定成就，即使它们喜庆又吉祥，但缺乏思想的艺术也只能止步于炫技。杰出的艺术品还需要有文化的视觉，有人文情怀的注入，而有哲学意味的艺术则是最高级的艺术。这是聂雁龙的两张狗生肖藏书票带来的思考。

◆ **旺旺贺年**　　　　　　　　◆ **大旺贺年**

聂雁龙2018年作　　　　　　聂雁龙2018年作

聂雁龙的生肖藏书票保持了他一贯的艺术追求，展现贺岁喜悦之情的同时，注重对生肖动物个性特点的挖掘，或拟人，或状物，或整体呈现，或特写聚焦，刻画的每一种生肖动物都具有典型化特征，惟妙惟肖，生动可爱。

其中《虎啸乾坤》入选"2022中国高校生肖设计大赛'中国虎生肖藏书票及贺年版画特邀作品展'"，在全国各大院校巡回展出。

◆ **虎啸乾坤**

聂雁龙2021年作

◆ 金鼠贺岁2020

聂雁龙2019年作

◆ 恭贺新年2019

聂雁龙2019年作

◆ 牛年鸿福

聂雁龙2020年作

◆ **牛年吉祥**

聂雁龙2020年作

丁金胜：文图相间

　　《壬辰龙》淡墨龙图背景之上，刻印大大的"龙"字，字以浓墨印制，文图浓淡相间，以淡托浓，以浓衬淡，相得益彰。这张藏书票的文图浓淡处理的理念和方法，和丁金胜的《书法甲午马》等藏书票一脉相承，形成了丁金胜文图藏书票的一大艺术特色。

　　《壬辰龙》上刻写的"丁君"是丁金胜的女儿，属龙，这张藏书票是丁金胜为女儿本命年而作。

　　《千禧之年》将一条龙的形状巧妙地设计成2000年，代表新千年中华龙的腾飞。有关龙的起源众说纷纭，如沈从文说龙起源于鱼，张紫晨说龙起源于马，陈绶祥说龙起源于物候历法，骆宾基说龙起源于蚕，还有人说龙起源于鸟、源于松柏、源于彩虹、源于闪电、源于恐龙，等等。龙本身是一种虚构的动物，因此被无限神化。所以丁金胜可以无限地发挥想象力，将龙设计成为他想要的形象。

◆ 壬辰龙   ◆ 千禧之年

丁金胜2012年作   丁金胜2000年作

《甲午马》藏书票，以娴熟的技法，刻画强烈的动感，有力地表现了骏马奔腾的英姿。

丁金胜为弗闲斋藏书票社创作的一组鸡藏书票，是他生肖藏书票的代表作。这组藏书票采取水印木刻技法制作，以淡雅的竹子等植物为背景，衬托出雄鸡英气勃勃的姿态，将鸡的形神刻画得入木三分。木版画制作出灵动的水墨画效果。

◆ 甲午马   ◆ 弗闲斋藏

丁金胜2014年作   丁金胜2016年作

丁金胜这几张动物藏书票都属于生肖藏书票类。生肖藏书票已不仅仅代表生肖，还代表新年。在藏书票界，生肖藏书票也已不仅限于为亲友生肖而制作，每到岁末，一些藏书票艺术家都要制作生肖藏书票，作为奉送给亲友的新年礼物或新年贺卡。其中《灵芝属虎又藏书》《壬寅年于桂芝藏》《壬寅年桂芝藏》是丁金胜2022年为妻子于桂芝创作的虎年藏书票。

2021年9月妻子离世，丁金胜埋头雕刻，把对爱妻无尽的怀念和哀思，融入笔头刀尖，共创作了6张以妻子于桂芝为票主的虎年生肖藏书票，这里展示其中3张。画面上每一根线条和每一缕色彩，都融入了丁金胜对爱妻桂芝无限的深情。

◆ 灵芝属虎又藏书　　　　　　◆ 壬寅年于桂芝藏

丁金胜2022年作　　　　　　丁金胜2022年作

◆ 壬寅年桂芝藏

丁金胜2022年作

◆ 金胜藏书　　　　　　　　　　　◆ 狗年

丁金胜2019年作　　　　　　　　丁金胜2018年作

　　《辛丑大吉》藏书票描绘的是一红衣女孩坐在牛上，手捧一本书，扭头看天，一双羊角辫儿显得活泼俏皮。牛在水中呈S路线行走，上部为阔大的芭蕉叶笼罩。画面诗意盎然，富有生活气息，木版画营造出水墨画的效果。

◆ 辛丑大吉

丁金胜作

甘畅：动起来　活起来

从《甘畅藏书·龙》藏书票中龙的造型，可以看到中国古代玉器、青铜器、汉画像石的影子。

可见，必须广览博识，思接古今，根植民俗，深得中国传统文化精髓，融会贯通民间艺术的多重素养，才能创作出这些具有深厚文化内涵和丰富多彩表现手法的藏书票作品。

◆ 甘畅藏书·龙

甘畅2012年作

鼠生肖藏书票的墨线，借鉴了中国传统铁艺、漆艺、景泰蓝工艺和金丝银线镶嵌工艺的表现手法，鼠的造型和枝叶线条，在墨色中加银粉，形成凸起的效果，可以看到上述传统民间工艺的影子。

甘畅几乎每年创作一张生肖藏书票，已形成生肖系列藏书票，本书收录的《甘畅藏书·龙》《甘畅藏书·鼠》《甘畅藏书·鸡》都是其生肖藏书票代表作。

◆ **甘畅藏书·鼠**

甘畅2010年作

　　甘畅于2005年创作的鸡生肖藏书票借鉴了民间剪纸的表现手法，鸡的墨线版线条富有胶东剪纸韵味，尤其是锯齿纹，是胶东剪纸的明显特征。甘畅将鸡啄米的神态表现得活灵活现，动感十足。该藏书票入选"第一届希腊LEFKADA国际藏书票三年展"，并被收入画册。

　　鸡在民俗文化中谐音取意为"吉""利"，大鸡寓意大吉大利。梅花五瓣，代表花开五福，古人认为五福的第一福是"长寿"，第二福是"富贵"，第三福是"康宁"，第四福是"好德"，第五福是"善终"。可见鸡生肖藏书票看似普通，其实不普通，蕴含丰富的传统文化内涵，是表达吉祥和幸福的美好祝福。

　　生肖十二年一轮回，2017年，甘畅再次创作一张鸡生肖藏书票。该藏书票由剪纸鸡改为民间泥塑的造型，大红大绿的色彩，突出图案美与民族特色，与剪纸鸡有异曲同工之妙。

◆ 甘畅藏书·鸡

◆ 正萌之书

甘畅2005年作

甘畅2017年作

金平：浮雕效果与浓郁民族风

金平的《庚辰年》藏书票吸取民间剪纸艺术、汉画像石艺术和铜镜艺术，在汉画、铜镜的龙之上，采取重叠手法，覆盖彩色剪纸图案的龙，通过黄色的底色将两种龙的风格巧妙区分，两种艺术特色融为一体又不失整体风格，具有浮雕般的效果。画面整体形成活泼多彩、清新脱俗的艺术魅力。

◆ 庚辰年

金平2000年作

金平的《戊寅藏书》中的虎色彩明快，一双大大的眼睛充满童稚之趣，风格上借鉴传统的民间艺术，有民间布老虎的稚拙。

金平的《己卯书票》藏书票中的兔采用传统剪纸风格的造型，大红的剪纸绽放出朵朵梅花、鹊上梅梢，有浓郁的民族风格和民俗特色。构图均衡对称，鸟和兔的动感打破均衡与平稳，静中有动，更增添了活泼喜庆的色彩。

◆ 戊寅藏书　　　　　　　　◆ 己卯书票

金平1998年作　　　　　　　金平1999年作

洪凯：龙腾盛世

《洪凯藏书》藏书票采用腐蚀版、干刻、飞尘的凹版混合技法，表现了龙腾四海的主题。

色彩处理上颇具匠心，作者采取冷暖色对峙渐融，上面是红色，下面是蓝色，一半是火焰，一半是海水，中间过渡橙咖色形成的圆珠中，一只巨龙腾空跃起，龙头龙身刻画精细，红色的太阳光和蓝色的海水则以随意纹理产生朦胧的效果。

◆ **洪凯藏书**

洪凯2012年作

孙玉洁：笔触奔放，挥洒自如

《玉洁之书》采用S形的龙纹，衬以华表，表现了中华文明五千年历史的古老悠久。

《世纪龙腾》采用木版阴刻巨龙腾空，从天而降，地上匍匐蜿蜒长城巨龙，表现了世纪之交，中华民族这条巨龙觉醒，继往开来，崛起于世界文明之巅。

《斗鸡》这组鸡图藏书票，采取丝网版的手法，描绘出了斗鸡的紧张激烈场面。笔触奔放，挥洒自如。

鸡自古被誉为德禽，据《韩诗外传》称，鸡有五德：文、武、勇、仁、信。其中武和勇都是用于搏斗。鸡是属相中唯一的家禽。大约在五千多年前，人类就将鸡驯化，甲骨文中已经出现了"鸡"字。鸡有特异功能：知时、报晓、司晨。在古代汉语中，鸡就是时间的同义语。"鸡"与"吉"谐音，因此画家画鸡都有大吉大利的意味，收藏者爱收藏大鸡画，也是图个吉利。

◆ 玉洁之书　　　　　　　　◆ 世纪龙腾

孙玉洁2000年作　　　　　　孙玉洁1999年作

◆ 斗鸡之一

孙玉洁2005年作

◆ 斗鸡之二

孙玉洁2005年作

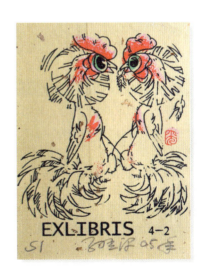

◆ 斗鸡之三

孙玉洁2005年作

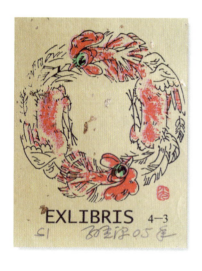

◆ **斗鸡之四**

孙玉洁2005年作

邵明江：幽古豪情

邵明江的《四虎图》藏书票书法和图像俱佳，融合
于一体，尤其是四边顺时针行走的四只虎，表现了循环往
复、生生不息的轮转，画面散发着一种幽古的汉唐豪情。

◆ **四虎图**

邵明江1986年作

邵卫：惟妙惟肖

　　邵卫的藏书票《狗年财运旺》和《新年旺旺旺》都是表现狗生肖的。邵卫着力刻画狗的眼神，忠厚可爱，两张狗生肖藏书票跨越十二年一个轮回，从中可看出邵卫的版画风格既有延续性又有所变化。

◆ **狗年财运旺**　　　　　　　　　　◆ **新年旺旺旺**

邵卫2006年作　　　　　　　　　　　邵卫2017年作

《邵卫藏书》借鉴民间剪纸线条构图，刻画一个戴头巾的女孩和一群小猪，女孩蹲在地上，一群小猪欢快地跑过来，表现了女孩与小猪眼神交汇，人畜互信互爱的情景，线条粗壮朴茂，画面生动活泼，表现有力，富有感染力。

《戊子新年吉祥》是邵卫为鼠年创作的一张生肖藏书票。鼠排在十二生肖之首，为何最不起眼的老鼠排在十二生肖首位？有两种说法，一说是按生肖动物出没活动时间安排。古代一天分为十二时辰，两小时为一个时辰，23点至1点为子时，是老鼠活动的时间。1点至3点为丑时，是牛反刍，准备清晨耕地的时间。3点至5点为寅时，是老虎最为凶猛的时间……

还有一说是按十二生肖足趾数目参差排列。因老鼠的足趾最为奇特，前足四趾，后足五趾，奇偶同体，而其他动物足趾数目前后或左右都是相同的，因此老鼠排在首位。

邵卫巧妙设计冠军领奖台，让一只身着红衣的黑鼠站在领奖台上，刻写"十二生肖第1名"。上面还错落竖排五行黑体字："不管白鼠还是黑鼠，能争第一，就是好鼠！"这是对谚语"不管白猫黑猫，抓到老鼠就是好猫"的巧妙借用。画面妙趣横生，立意诙谐幽默。

◆ **邵卫藏书**　　　　　　◆ **戊子新年吉祥**

邵卫2006年作　　　　　　邵卫2007年作

徐明跃：龙虎玲珑

《明跃珍藏》和《明跃书票》创作于20世纪90年代，这3张龙生肖藏书票借鉴吸收古代玉器、青铜器、汉画像石艺术元素，或阴刻或阳刻，构图简洁，表现了龙的行走、飞跃和匍匐姿态。

◆ 明跃珍藏（一）

徐明跃作

◆ 明跃珍藏（二）

徐明跃作

◆ 明跃书票

徐明跃作

张克勤：清新刚健

《黎阳之书》藏书票是张克勤于1999年为美国波士顿第28届国际藏书票大会暨国际藏书票展创作的藏书票，票主是中国美术家协会藏书票研究会常务副会长、上海版画会副会长邵黎阳。

邵黎阳和张克勤都是军人出身，从部队转业后都在上海担任美术编辑工作，共同的志趣和共同的藏书票事业将他们连接在一起，引为知己。邵黎阳为"张克勤藏书票作品展"专门撰写文字，介绍张克勤对上海藏书票活动的贡献。1996年，制作全国藏书票展的图录，张克勤全程投入，加班加点，挑灯夜战，抢在开幕式前完成。上海文化街藏书票沙龙活动，每一次展览布置，张克勤总是最后一个离开。这种没有报酬的工作，张克勤参加的次数最多，时间最长。十几年的藏书票月历原作珍藏本，凝结着张克勤的心血。

邵黎阳评价张克勤："他把生活规划到最简单，游离在大千世界的一个个漩涡之外，无争要，无怨悔，谦让、和悦带给他好心情，专注绘画带给他快乐。他对人的真诚善意是和谐社会应有的纯粹。"

邵黎阳以张克勤为票主创作过藏书票，张克勤也以邵黎阳为票主创作过多张藏书票，《黎阳之书》是其中之一。

◆ 黎阳之书

张克勤1999年作

张克勤的生肖藏书票还有《克勤藏书》《庆蒂藏书》《丙申猴年吉祥》《史大军藏书》等，这些藏书票或采用木版、凸版，或采用铜版干刻，或采用纸版等多种版型技法，他都勇于探索，乐于尝试。如《庆蒂藏书》藏书票具有油画效果，形象介于鸡和凤之间，中国古来鸡凤合一，凤也可以理解为鸡。张克勤的生肖藏书票立意清新刚健，形象栩栩如生，富有亲切感人的艺术效果。

◆ **克勤藏书**

张克勤2002年作

◆ 庆蒂藏书

张克勤2004年作

◆ 丙申猴年吉祥

张克勤作

古人以鸡为大吉大利的吉祥兆头。在民俗文化中，鸡有门神的地位，各地都有鸡的吉祥民俗。在四川一带，在门上画鸡有避祸趋吉的用意。在山西临汾，流行贴"新春大吉"的年画：一童子执如意与荷花，骑于一公鸡身上。在陕西一带，每年谷雨前后，有贴鸡王镇宅图的风俗。鸡能避毒虫邪蛊。在浙江金华一带，端午节时，民间用红布制成鸡心袋子，内装茶叶、米、雄黄粉，挂于小孩子胸前，可以驱邪祈福，谐音"记性"，可令小儿读书长记性。

张克勤的这张生肖藏书票将鸡和牡丹花放在一起构图，寓意富贵吉祥。"恭贺新禧"，因为正月初一为鸡日，一年的第一天以鸡鸣牡丹开始，自然是最贴近"恭贺新禧"的寓意。

◆ **花开春富贵**

张克勤2017年作

　　这组"虎头女娃十二生肖"藏书票，取材于民间美术和民俗图案。这组藏书票共有12张（遗憾的是笔者只收藏到11张），每一张生肖女娃的头顶上都有一个生肖动物，无论是虎头帽，还是其他生肖动物，都借鉴了民间美术造型，色彩艳而不俗，稳重大气，进而在艺术上进行提炼升华和再创作，形成了张克勤式独创的生肖作品风格。

◆ 十二生肖女娃之鼠　　　　　　◆ 十二生肖女娃之牛

张克勤2003年作　　　　　　　　张克勤1990年作

◆ 十二生肖女娃之虎   ◆ 十二生肖女娃之马

张克勤1990年作   张克勤1990年作

◆ 十二生肖 女娲之龙 ◆ 十二生肖 女娲之蛇

张克勤1990年作 张克勤1990年作

◆ 十二生肖女娃之羊　　　　◆ 十二生肖女娃之猴

张克勤1990年作　　　　　　张克勤1990年作

◆ 十二生肖 女娃之鸡

张克勤2003年作

◆ 十二生肖 女娃之狗

张克勤1990年作

◆ 十二生肖 女娃之猪

张克勤1990年作

董其中：雄浑古朴之虎

《虎年藏书》刻画老虎昂首前行，霸气十足，充满自信。董其中的虎雄浑，有汉代石雕的古朴之气。

◆ **虎年藏书**

赵奎礼：绚丽的彩镂纸版

　　彩镂纸版藏书票《奎礼藏书·鼠》构图单纯而稳重，色彩沉着而和谐，老鼠的身子只一个模糊的圆形，突出了老鼠的面部特征，包括老鼠的胡须和鼻子。而眼睛和耳朵，又为老鼠增添了可爱的另一面。

　　《奎礼藏书·牛》表现了牛的特性。牛是勤劳的动物，性情温顺通人性，是人类的朋友。赵奎礼的藏书票表现出牛的勤奋、诚恳、憨厚、执着等美好特征，这张色彩绚丽的牛受到很多人的喜爱。

赵奎礼1999年作   赵奎礼1999年作

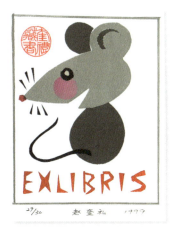

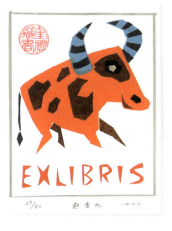

赵奎礼的《奎礼藏书·狗》藏书票如布艺玩具动物，色彩明朗鲜艳。

《奎礼藏书·马》藏书票采用纸版彩镂技法，赵奎礼以他独特的一贯风格，表现了惊马的瞬间表情，有鲜明的民间美术特色。

◆ 奎礼藏书·狗　　　　　　　◆ 奎礼藏书·马

赵奎礼1999年作　　　　　　　赵奎礼1999年作

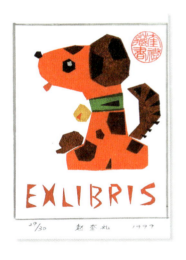

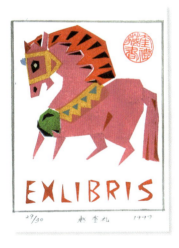

　　从1996年到2006年，赵奎礼创作了"儿童生肖"藏书票系列，通常是每张一个儿童配一种生肖动物，其中有一套是每张只有一种动物生肖。

　　"儿童生肖"系列藏书票中，每个儿童都引领或怀抱一只动物：老鼠、小老虎、马……都是十二生肖之一。这组藏书票表现了儿童与动物的亲密和谐关系，欢快明悦。

　　十二生肖藏书票有多种表现方式，赵奎礼找到了最适合他的那一种，他将生肖属相与饰以民俗元素的儿童同构一图，民俗风情跃然纸上。

◆ 十二生肖之鼠

◆ 十二生肖之牛

赵奎礼2006年作

赵奎礼2006年作

◆ 十二生肖之虎

◆ 十二生肖之鸡

赵奎礼1998年作

赵奎礼1998年作

◆ 十二生肖之狗

赵奎礼1996年作

刘硕海：将抽象与具象融合

刘硕海的《石渊书屋》借用泥塑和布娃娃等民间工艺构图和形象，采用抽象的色彩拼图，将抽象和具象完美地融为一体，表现了牛的可爱和朴拙。

在藏书票创作中，将牛作为题材是有历史渊源的。中国古代有尊崇牛王的传说，有牛王庙，并在农历十月初一举办祭牛王的仪式，还有"牛魂节""洗牛节"等。在古代民间风俗中，立春这天，州县官与农民鞭打春牛，以祈丰年，称为"鞭春牛"，或"打春""鞭春"等。而"打春""鞭春"，所鞭打的牛正是泥塑彩色的牛，恰如刘硕海《石渊书屋》藏书票上的泥塑彩牛造型。

◆ **石渊书屋**

刘硕海1997年作

张俊萍：独具艺韵的葫芦生肖

以葫芦构图塑造生肖动物形象，是张俊萍独特的创意。在中国民俗文化中，"葫芦"谐音"福禄"，是富贵的象征，也是辟邪祛祟、子孙兴旺的吉祥之物。用葫芦形状展现生肖作品，既有贺年之祝，又有对本命年的护佑之意。这套藏书票人见人爱，构图上非常讨巧。

葫芦生肖图借鉴了民间美术图案，将诸多吉祥纹样花卉装饰融汇于葫芦造型中，又有所变化和创造，升华为张俊萍自己独特的葫芦生肖纹，内容丰富，意象纷呈，细细品鉴咀嚼，意味悠长。

◆ 金猴戏春

张俊萍2015年作

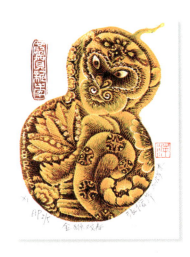

◆ **子鼠**

张俊萍2016年作

◆ 卯兔

张俊萍2016年作

◆ 酉鸡

张俊萍2016年作

◆ 巳蛇

张俊萍2016年作

张俊萍的十二生肖藏书票吸收了年画、剪纸、泥塑、布艺、绣品等民间美术元素，注重细节的刻画，追求生肖动物主体形神兼备的同时，以一种工笔画的精细在动物身上刻满花纹。她丝毫不在乎留白之类的机巧，宁愿费力耗时将画面刻满，让画面的每一处都有看头。这种憨实的笨功夫，反而造就了她独有的艺术特色。画面丰富而多彩，饱满而耐看，正是她作品的艺术特色。

◆ **蛇年大吉**

张俊萍2013年作

◆ 吉祥如意

张俊萍2017年作

◆ **龙马精神**

张俊萍2015年作

◆ 鸡年大吉

张俊萍2017年作

◆ 福嘟嘟

◆ 嘻春

张俊萍2019年作

张俊萍2016年作

狗身上开花，牛身上长树枝叶，龙脚上长羽毛……这些都是张俊萍的想象和独特创造。她总有一些别出心裁的想象。

《虎爷》借鉴的是门神赵公明形象，门神中的赵公明骑黑虎，在她的笔下变成了骑花虎；赵公明本来一手持钢鞭一手持元宝，在她的画中变成了一手持剑一手持小虎；原本赵公明腰间是没有葫芦的，只有定海神珠、缚龙索和金蛟剪。"虎爷"已不是赵公明形象，而是她在门神赵公明形象基础上想象出来的。这种天马行空、自由自在的想象力，使我们看到张俊萍创作的生肖动物充满了灵气。

◆ 吉祥　　　　　　　　　　　　　　　◆犁牛

张俊萍2018年作　　　　　　　　　张俊萍2021年作

◆ 虎爷

张俊萍2022年作

◆ 蛇年大吉 ◆ 吉祥龙

张俊萍2013年作 张俊萍2012年作

何鸣芳：稚拙雅致见童趣

《丁酉贺岁》是为莱芜三昧书屋创作的一张丁酉贺岁藏书票：一个小女孩骑在一只大公鸡上阔步向前，何鸣芳融汇传统文化和古代神话关于鸡的传说，以夸张手法，将公鸡形象刻画得硕大无比，突出了巨大的鸡冠和扬起的大尾巴，骑在鸡身上的小女孩小心翼翼地抓住鸡的脖子，忐忑而又享受的神态表现得惟妙惟肖。画面右侧刻写文字："鸡鸣旭日升　丁酉万事成"。

《丁酉贺岁》这张藏书票色彩精当，艳而不俗，集中体现了何鸣芳藏书票稚拙中呈现童趣、朴素中体现雅致、简括中蕴藏丰富的艺术特色，富有清新隽永的艺术魅力。

何鸣芳是藏书票社会活动家，也是藏书票文化的传播者，同时，她的藏书票创作也颇有成就：她创作了大量儿童形象藏书票，卓成一家。

本书虽仅选录她一张生肖动物藏书票，但管中窥豹，可见她藏书票的艺术风格。

◆ 丁酉贺岁

何鸣芳2017年作

吴若光：暗红色点下的牛

　　吴若光的木刻藏书票《若光藏书》中，密密麻麻的暗红色点，营造斑驳的背景效果，面向充满希望的未来，从另一个角度表现了牛的坚韧、奋进的风采，风格朴实。

◆ **若光藏书**

吴若光作

邱德镜：睥睨万物的孤傲

传神的是眼睛。威严、睥睨万物的孤傲，带有几分愤世嫉俗的沉郁，唯我独尊的不屑，那慵散的眼神传达出逼人的艺术魅力。

邱德镜的套色木刻《虎年大吉》以工笔画的写实手法，细腻致密的线条，惟妙惟肖地表现了老虎的形状态貌。

幽黑的底色和暗红色的边饰方框，加强了老虎王者的肃杀之气。

这是邱德镜的一枚自用书票，未有外传，总印量仅8枚，这是第7枚，因其量少，又因其未有传世而更显得弥足珍贵。邱德镜创作这幅藏书票之后，视力仅剩0.1，已不能运刀，这样的精品书票将随时间的流逝而凸显出价值。

邱德镜的《鸡》藏书票采用民间艺术的抽象构成，达到凝练传神的艺术效果。

◆ 虎年大吉   ◆ 鸡

邱德镜作   邱德镜作

管殿武：布艺泥塑的色彩

管殿武《浩荣藏书》中的虎色彩鲜艳夺目，有天津民间泥塑的魅力。

虎成为藏书票艺术家表现的对象不仅仅因为虎是猛兽，更因为它在传统文化中源远流长的文化气息。在古代，有将虎作为门神的习俗，每逢除夕，在门上画虎以御凶。在陕西、山西等地，还有捏虎面花馍祭祖和相互赠送的习俗。

古代工艺美术作品中有大量老虎题材的作品。如商代虎食人铜卣、战国青铜虎符、东汉石刻白虎等。在民间艺术中，布老虎、泥老虎、年画虎、剪纸虎、石刻虎、石雕虎、玉雕虎等各种材料的虎应有尽有。从管殿武《浩荣藏书》中虎的造型和色彩，可以看到他对民间艺术元素的吸收。

◆ **浩荣藏书**

管殿武1998年作

李秀山：无须谈虎色变

《秀山藏书》中的虎写实，具象而细腻地表现了虎的面目表情，有如国画的效果。老虎被称为"百兽之王"，是体形强壮的猫科动物。然而，老虎并非人们所害怕的那样，虽然我们听过很多老虎吃人的故事，还有"谈虎色变"的成语，但老虎一般是不吃人的。《秀山藏书》刻画的虎有威严凶猛的一面，但并不令人感到恐怖，这符合虎的特点。

◆ **秀山藏书**

李秀山1998年作

孙煌：石刻的古意

　　孙煌的《梁栋藏书》，虎图案源出汉宫白虎瓦当图形。在构图上别有创意，虎图以方框构成，置于右上方，左边是黑色的斑驳麻点，强调历史纵深感，竖书"梁栋藏书"（梁栋系中国藏书票研究会会长）。右下方是一方小小的"孙煌石刻"印。构图布局讲究对称均衡，独具匠心。

◆ 梁栋藏书

孙煌1998年作

王维德：不变的故土真情

　　王维德借鉴中国民间剪纸图案创作的虎生肖藏书票富有浓郁的民间美术韵味和民间剪纸的风格。

　　王维德几乎每年的岁末年初都要创作一张生肖藏书票，作为新年礼物赠送给亲朋好友，为他们带去新年祝福。除了《庚寅贺岁》，还有4张动物生肖藏书票，分别是猪年、牛年、狗年和鸡年生肖图，可以代表他历年生肖藏书票的概貌。王维德的生肖藏书票创作跨时近三十年，细细品鉴，可以发现他的生肖藏书票的构图和风格是一脉相承的，都吸取了剪纸等民间美术的元素。岁月流逝，不变的是故土真情，不变的是民艺深爱。

◆ **庚寅贺岁**

王维德2010年作

◆ 丁亥年贺岁

王维德2007年作

◆ 牛

王维德2008年作

◆ 戊戌贺岁

王维德2018年作

◆ **吉祥如意**

王维德2004年作

段光辉：啃书之乐

读书人因爱书常常被老鼠啃破而对其深恶痛绝，这枚《秀莲藏书》藏书票却以诙谐、轻松甚至欢快的气氛表现了老鼠的啃书之乐。

一只老鼠躺在地上正在怡然自得地啃书，另一只老鼠似乎是为了救书，肩扛着老鼠的尾巴使劲地要把它拖走。

可见，也有爱书的老鼠。

而啃书的老鼠也不见得是在毁坏书籍，从它专注翻阅的样子看，也许它正在如饥似渴地阅读呢。

我们常常说生活中的书呆子是在"啃书"，或者可以这样理解，老鼠也和我们生活中的读书迷一样，"啃书"的老鼠肚子里装的是真正的书，兴许称得上是学富五车呢。

这里，艺术家将老鼠拟人化了。艺术家从另一个角度宽慰了被老鼠毁书的读书人——其实，读书人的读书和老鼠的啃书有异曲同工之妙。

作者的谐趣和幽默感也博得我们一笑。

◆ **秀莲藏书**

段光辉1995年作

朱荫能：总能给人清新之感

《荫能藏书》描绘在圆形的太极图中，三只兔子环绕奔跑着，循环往复，无始无终，如月宫中寂寞的玉兔，如束缚的自由，如压抑的思想。

朱荫能的丝网版四色"三兔图"寓意多元，富有哲理，画面四周字和印的布局与色彩别致讲究，淡雅和谐的色调给人清新的感觉。

《乙酉大吉》刻画一只大公鸡昂头鸣早，直啼得一轮红日喷薄而出，红光万道。红日将鸡罩在其中，鸡与红日融为一体。朱荫能巧妙地在鸡身上绘制一个娃娃，脚穿虎头鞋，手捧一本书晨读，书上刻写藏书票拉丁文一点儿都不突兀。看到他沉醉读书的样子，鸟儿都围绕他起舞。这张藏书票设计有巧思，从中可见金山农民画艺术元素。

◆ **荫能藏书**

朱荫能1999年作

◆ 乙酉大吉　　　　　　　　◆ 红辰草堂藏

朱荫能2004年作　　　　　　朱荫能2003年作

◆ 牛（一）

朱荫能2007年作

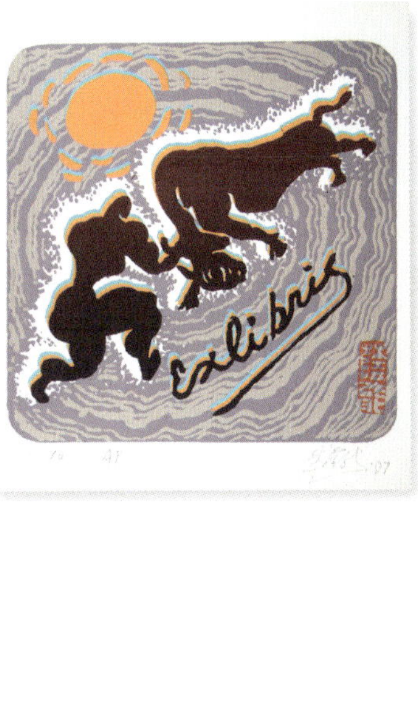

◆ 牛（二）

朱荫能1997年作

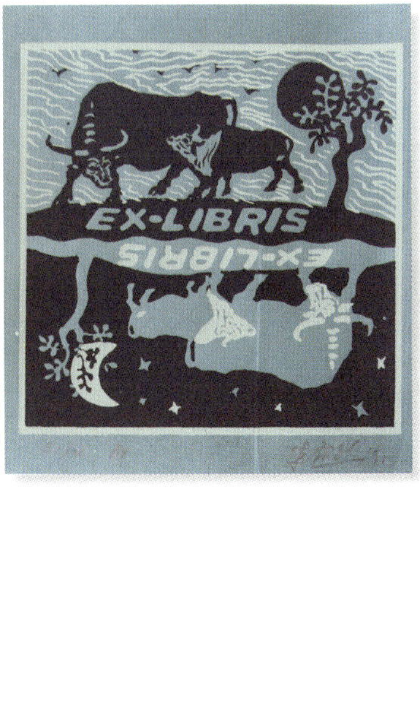

娄启盘：机灵之兔

两只前腿趴在地上，两只耳朵支棱着，瞪大的眼睛"警惕"地盯着前方。

娄启盘将兔子的胆小、警觉、机灵之态刻画得惟妙惟肖，在具象中表现了兔子形象，包括兔子身上的毛和胡须都清晰可辨，通过对表情的准确捕捉，描摹了兔子细微的心理。

◆ **己卯藏书**

娄启盘作

陈立：福猪书海游

　　猪往往给人好吃懒做、酣睡长膘的印象，但在陈立的这套猪系列藏书票中，猪一改负面形象，成为活泼可爱、积极进取的正面形象。你看它脚踏竹书，"书海冲浪"；手持毛笔，开卷有益，勤学苦思，信奉"鸟欲高飞先振翅，人求上进先读书"；以笔当车，以书为梯，纵横九天，活脱脱"中华神笔"；踏书而行，随鸟而进，"书山有路"；一手持书，一手拿荷花，书海遨游，"学海苦作舟"；脚踏大地，仰望星空，书籍带给它理想信念，"心飞九霄"。

　　陈立以拟人化的手法，将猪塑造成了一个酷爱读书、勤学上进的好学生。在陈立的藏书票中，猪还是吉祥的象征，是福猪，也是财猪，带给人们"前程似锦""注定富贵""财源滚滚""洪福齐天"……这些意象皆源自中国传统文化。在民俗文化中，猪确有这些吉祥的寓意，陈立所做的，是用他的方式和木版画的表现力，将中国民间吉祥文化的观念转化为可视可感的形象。如"注定富贵"，"猪腚"是"注定"的谐音，猪腚上的牡丹寓意富贵。《注定富贵》这枚藏书票表现德厚继世，书香传家，注定家门富贵的意思。

◆ **书海冲浪**

陈立2019年作

◆ 学无止境

陈立2019年作

◆ 中华神笔

陈立2019年作

◆ 书山有路

陈立2019年作

◆ **学海苦作舟**

陈立2019年作

◆ 心飞九霄

陈立2019年作

◆ **注定富贵**

陈立2019年作

◆ **前程似锦**

陈立2019年作

◆ **财源滚滚**　　　　　　　　　　　◆ **洪福齐天**

陈立2019年作　　　　　　　　　　　陈立2019年作

这是陈立2022年为虎年创作的3张藏书票。3张藏书票皆以虎为图，以虎年吉语为立意，以拟人化的手法，将威猛可怖的老虎刻画成慈眉善目、面带微笑、充满爱意和喜感的美好形象，吻合中国民俗文化中福虎的观念。这组藏书票无疑是虎年祈福纳祥、送人吉庆祝福的佳品。

◆ 平安是福

陈立2022年作

◆ 如虎添翼

陈立2022年作

◆ **爱的港湾**

陈立2022年作

江大才：巨龙腾飞

《第八届全国书票大展》中的龙腾云驾雾，威力广布天地。

龙在飞，飞龙的身子绕了三圈，蜷曲为三个"0"，龙头设计成"2"的造型，寓意为2000年，龙表示该年为龙年。飘动的云块间，巨龙飞腾，上有中国古代传说中四神之一的青龙飞舞，取自汉唐铜镜意象。

下面黑底反白"第八届全国书票大展"，对活泼的画面起到了平衡作用，使画面变得稳重而端庄。上面的彩虹飘带上黑底反白"2000.6.20—23.乌鲁木齐"，突出了大展的喜庆现场感，又表明了大展的时间和地点。边饰的云朵，如书票在空中纷纷扬扬地飞舞。

这枚藏书票是一枚纪念书票，江大才为2000年6月20日到23日在新疆乌鲁木齐举行的"第八届全国藏书票大展"而作。龙年，2000年的书票大展隆重而热烈，充满了喜庆和丰收的色彩。

◆ 第八届全国书票大展

江大才2000年作

刘继德：金猴歌盛世

《本命年藏书》《猴年吉祥》《吉祥如意》或阴刻，或阳刻，表现了刘继德精湛的刀工技法，无论构图还是造型，一招一式都颇有讲究，呈现大家气象。

《猴年吉祥》中院门两边刻印一副红色木楹联"金猴歌盛世，瑞雪兆丰年"，构思奇妙，文图并茂，烘托出红红火火的新年气象。

刘继德2001年作

◆ 猴年吉祥

刘继德2003年作

◆ 吉祥如意

刘继德2003年作

王嵘：独创生肖文

　　王嵘的这4张生肖藏书票均采用石刻技法刻印，并融入了书法艺术的表现手法。王嵘将生肖文字变化为生肖动物，和"年"字合二为一。"年"字为黑色，作为衬底；生肖文字为彩色，叠加于"年"字之上。设计别具一格，且每年构图格式和风格统一，形成了一个富有特色的生肖藏书票系列。

　　这套藏书票还有一个亮点，是将生肖文字艺术化地变化为生肖动物形状，如"蛇"字中贯穿一条向上游动的蛇，"猴"字中有一个猴头，"狗"字中有一只狗……这一设计别具匠心。

◆ 蛇年　　　　　　　　　　　◆ 猴年

王嵘2001年作　　　　　　　王嵘2004年作

◆ 狗年

王嵘2005年作

◆ 兔年

左焕章：剪纸赋形五猴捧寿

　　五只猴子错落叠加，最上面的一只猴子手捧蟠桃，中间一个大蟠桃上倒贴一个"福"字，寓意五福捧寿、福寿双全。

　　这是一张电脑藏书票，左焕章采取民间剪纸的形式，红色剪纸代表对新年红红火火的美好祝福。方形花草剪纸绿色为底，红色"猴年大吉"字样从绿色中跳出，色彩鲜艳夺目，显得格外喜庆。

◆ 猴年大吉

左焕章2004年作

王敢：以牛喻人

一头牛弓着身子奋力前行，执着、勤勉、坚定、自信，义无反顾。

在中国藏书票研究会成立十周年之际，王敢为中国藏书票研究会会长梁栋制作这枚藏书票。以牛为主图，寓意默默耕耘，辛勤付出。

大戈：盘旋的蛇年

大戈巧妙地利用蛇的生理特点，将蛇盘旋环绕，蛇头盘旋为"２"，蛇身盘旋为两个"０"，蛇尾盘旋为"１"，寓意2001年为蛇年，构图巧妙而单纯。

从藏书票上的蛇形看，这是一条巨大的蟒蛇。蟒蛇之大早在古代《山海经》中就有记载："巴蛇吞象，三岁而出其骨。"

◆ 元瑛藏书

大戈2001年作

李家新：龙蛇之间

《辛巳大吉》藏书票中的蛇在鲜花掩映的黑洞前游动。蛇给人类带来的是美好的福音，还是黑色的灾难？在各种关于蛇的传说中，似乎有不同的答案。红色和黑色的鲜明对比中，李家新的蛇有着无尽的意味。

《第廿八届国际藏书票展》图中的龙戏珠，是吉祥之兆，为了表现喜庆之事，李家新选取龙戏珠这一传统图案。画家突出巨龙的头部和脚爪，火焰之球中间刻印2000表示第二十八届国际藏书票展的举办时间是2000年，正是龙年。上部阴刻英文城市名"波士顿"，表示这届国际藏书票展的举办地点。

这张石刻藏书票构图丰满，内容丰富而叙事从容，安排得当，有条不紊。

◆ 辛巳大吉　　◆ 第廿八届国际藏书票展

李家新2001年作　　　　　　　李家新2000年作

顾锡田：古朴的金石味

顾锡田这组马藏书票借鉴古代马绘画和马工艺品艺术。自古关于马的艺术品丰富多彩，内蒙古出土的东汉墓壁名画《牧马图》场面宏大，是壁画精品。唐代浮雕《昭陵六骏》也是饮誉中外的艺术杰作。金代画家赵霖的《昭陵六骏图》仿石刻而画，朴拙浑厚。在马题材的工艺品中，还有唐三彩——中国著名的彩陶器，其中以马形为主。

顾锡田的石刻马藏书票构图古朴，具有浓厚的金石味。

◆ **锡田藏书（一）**   ◆ **锡田藏书（二）**

顾锡田1990年作   顾锡田1990年作

◆ 锡田存书

顾锡田1990年作

◆ **立峰藏书**

顾锡田1990年作

山丹：马身上开了朵红花

　　"山丹丹开花红艳艳"，山丹以阴刻技法创作的马，在马肚上再辅以阳刻，一朵红艳艳绽放的山花，配以绿叶，使这匹马具有了浓郁的内蒙古民族风情。

◆ **书到用时方恨少**

山丹作

曹芳：唯马首是瞻

　　这张马首藏书票在刀法上颇具特色，马的五官采用多种刀法，马首上的毛发、颈部和颈下部均采用竖线，但竖线的粗细刀法不一，在对比中呈现出光影的变化。此外，画面左右的横线也是左边粗右边细，参差的背景线条呈现光影的不同变化。

◆ **曹芳藏书**

曹芳作

朱燕：铸造效果

　　红色的底色上阴刻四个大字"文心雕龙"，撑满画面。一条金色的龙翩翩起舞，有古代金属工艺品的铸造效果。

　　朱燕刻画的龙色调雅致，和谐悦目。

◆ **文心雕龙**

朱燕2000年作

林争：猴子学电脑

《甲申大吉》这张藏书票画面诙谐。调皮的猴子总喜欢摸索人类使用的东西，这只猴子居然跳到电脑前学人类敲键盘。然而，电脑不是那么容易学习的，猴子遇到了难题而困惑。人类遇到困惑是摸脑袋，猴子遇到困惑不是摸脑袋而是摸屁股，表现了猴子顽皮的个性特点。

这枚藏书票采用的五色剪纸底纹图富有装饰效果，丰富了画面的表现力。

◆ 甲申大吉

林争2004年作

李文龙：牛头上飞来两只鸟

1997年是生肖牛年，李文龙创作了这张牛生肖藏书票。牛的耳朵上挂着两本书，作为装饰性的耳环，又巧妙表明了藏书票的票主名字。

构图借鉴民间剪纸造型，进行艺术化提炼和升华，既突出牛的形象特征，又有拟人化的表现。如大大的眼睛是牛的特征，而眉眼带笑含有温情则是人的情感。三角形的鼻子和方形的嘴，则更多以拟人化的手法处理。牛的额头装饰了一朵花，头上镂空处刻画了一对相亲相爱的小鸟，都是民间剪纸常见的图案，用在这里，丰富了这张藏书票的装饰性。他的藏书票线条雄浑不失灵动，厚重而又潇洒，给人亲近、祥和的审美感受。

◆ 磊藏

李文龙1997年作

陆放：辈辈封侯

大猴背着小猴，回眸张望，陆放以拟人化的手法，把猴子的紧张和惊恐神情表现得惟妙惟肖，入木三分。

大猴背着小猴在中国吉祥文化中，谐音取意为"辈辈侯"或"辈辈封侯"。

这枚藏书票是陆放为日本友人创作的，因此有着鲜明的日本艺术风格。

◆ **原真奈子藏书**

陆放1991年作

张丰泉：小画面有大气象

张丰泉创作的《进入21世纪》龙图藏书票，苍劲古朴，得徐州汉画像石之神韵。

《玺璋藏书》藏书票绿色的底色之上，是一张憨头憨脑的老虎的脸。在虎脸周围，两圈有规则的发散线条和不规则飘忽的橙色波纹，表现出了温和的虎威。张丰泉的虎在抽象中有一种灵秀可爱的气韵。

◆ **进入21世纪**　　　　　　　　　　◆ **玺璋藏书**

张丰泉2000年作　　　　　　　　　　张丰泉作

冒朝霖：传递快乐

冒朝霖的《己亥大吉》藏书票，以拟人化的手法，刻画两只穿衣戴帽装扮成人模样的猪生肖形象。就像橱窗展览的吉祥物一样，这两位像孪生兄弟一样跳起了双人舞，乐呵呵张口微笑，憨厚而可爱，传达出"己亥大吉"的欢乐情绪，富有感染力。

◆ 己亥大吉

冒朝霖2019年作

蔡欣：民间之美

猪的一生是幸福的，尽管人们常常用鄙夷的语气蔑视它，如说"笨得像一头猪"。事实上笨、蠢往往和憨厚有关，与奸诈无缘。也就是说，猪与好人有关，与坏人无缘。

猪是知足的，因此知足者平和淡然，知足者常乐。

猪还是丰足的象征，蔡欣的藏书票以剪纸的艺术手法，借鉴布娃娃、泥塑等民间艺术的图案，表现了一只憨态可掬的花猪。

猪的上方是旧时过年时老百姓会贴在门上的"日进斗金"四字，红底黑字，周围一圈绿色的缠枝花，色调艳而不俗，富有喜庆彩色。

◆ 郁田之书

蔡欣作

谢竞：仕女抱羊

这张藏书票表现的是羊年题材，贴在贺卡上，写上"新年好"的祝词，就成了一张新年贺卡。谢竞几乎每年都要创作一张生肖藏书票，作为新年贺卡，寄送给远方的友人。

画面上的牧羊女手执牧羊鞭杆，同时怀抱一只小羊羔，充满爱的温馨。仕女眉清目秀，头上簪花装饰，深得山东潍县年画和天津杨柳青年画仕女图之神韵。

◆ **羊兆瑞祥**

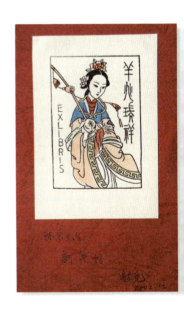

田丹丹：气象雍容

《陈宏的书》藏书票刻画了一条龙的形象。我们都没有见过真正的龙，然而我们还是要过龙年。龙行天下，天下就是书。雍容大度的气象，雄阔的步态，凝聚了五千年的文明精神。

田丹丹为我们带来了想象中的龙，也带来了新春的祝福。

◆ **陈宏的书**

田丹丹作

杨永智：狞厉威严的龙王

　　杨永智《沁文的书》藏书票中的四足龙张牙舞爪，面目狞厉威严，有王者之气。八卦图的外形构图显示出浓郁的中国传统文化特色。

◆ 沁文的书

杨永智作

洪树林：浑厚古雅

　　洪树林创作的"十二生肖"系列藏书票采取木版技法，或借鉴古代多种艺术形式的图样，或吸收民间美术造型元素，融会贯通，形成了富有他个人特色的简明古朴的艺术风格。

　　如《本放书乐》和《泽钟书乐》，借鉴了汉画像石图样，《振吾藏书》和《正明藏书》吸收了民间泥塑、面塑等民间美术造型元素，《光义书乐》和《树林藏书》借鉴了汉代瓦当和汉唐铜镜的构图，在《古木连藏书》《福琪藏书》《泽流藏书》《满苗藏书》等藏书票上，还可以看到古代岩画、玉雕、石雕、砖雕、木雕的影子。

　　洪树林的"十二生肖"系列藏书票画幅不大，每张突出一种生肖动物的主体形象，或予以特写表现，刀法劲健，线条古拙，呈现粗犷豪放、浑厚古雅之美。

◆ 本放书乐

洪树林作

◆ 泽钟书乐

洪树林作

◆ **振吾藏书**

洪树林作

◆ 光义书乐

洪树林作

◆ **树荣书乐**

洪树林作

◆ 古木连藏书

洪树林作

◆ **福琪藏书**

洪树林作

◆ 树林藏书

洪树林作

◆ **正明藏书**

洪树林作

◆ 泽流藏书

洪树林作

◆ **满苗藏书**

洪树林作

范天行：色彩考究

《天行的书》采取汉代瓦当和铜镜造型构图，表现了龙戏珠的画面。画面色彩考究，淡橙色底纹，烘托出黑底反白的阴刻龙图案，再在白色的龙图上敷以黄色，周边一圈红色文字和四角白色的蝙蝠纹，色彩搭配和谐耐看，装饰效果鲜明。

◆ **天行的书**

范天行2000年作

陶正：粗犷的雅致

橙色的底色刻印一个大大的"福"字，"福"字之上，再套印一条蛇，寓意蛇年幸福。这是陶正的《蛇年祝福》藏书票，简单的构图，富有深厚的文化底蕴。藏书票方中有圆，体现了传统文化的方圆哲学观。蛇图采用红色的瓦当造型，线条看似粗犷，但粗中有细，细到可见蛇口吐信子。"福"字书法的雅致，蛇图线条的粗犷，相映成趣。这是一张值得细细品味的藏书票。

◆ **蛇年祝福**

陶正2001年作

徐鸿兴：民间美术的升华

徐鸿兴的水印木刻藏书票《李飚的书》有国画意境，绿色大地上，一匹骏马奋蹄扬鬃，得徐悲鸿奔马之神韵。

◆ **李飚的书**

徐鸿兴作

徐鸿兴的《马》《鸡》《蛇》生肖藏书票，分别采取水印木刻和丝网版技法，表现了其藏书票艺术多方面的才华。

《鸡》藏书票综合民间泥塑和民间剪纸造型，富有民间美术之韵味，红色的底纹烘托出大吉大利的寓意。

《蛇》藏书票是一枚中西合璧的藏书票，采取西方舶来的丝网版技法，构图为中国古典花窗形式，花窗中的蛇图则是一幅典型的剪纸窗花图案。

◆ 鸡

◆ 蛇

徐鸿兴2005年作

徐鸿兴2001年作

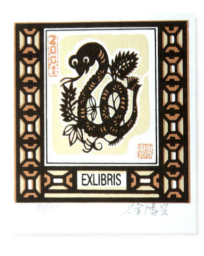

德力格尔：大草原的歌者

　　德力格尔的生肖动物藏书票采用黑白木刻技法。作为内蒙古画家，其作品取材多为内蒙古大草原上的生活场景。

　　《新年好》刻画一头牛和奶瓶车，两只鸟儿在天空中飞翔。

◆ 新年好

德力格尔作

叶咏梅：在5G时代

2019年是猪年，叶咏梅创作了一张卡通猪形象的藏书票。

一条竖斜线从天而降，线上刻写藏书票拉丁文字母和"2019"。穿着滑冰鞋的小猪犹如从山顶滑雪而下，头上顶着一个5G手机。2019年正是5G在中国崛起的年头，这张藏书票是高科技在中国高速发展的真实写照。卡通形象的小猪刻画得憨态可掬，十分可爱。

◆ 新年快乐

叶咏梅2019年作

刘青：绝版木刻，别开生面

　　《雄鸡》是刘青采取绝版木刻技法创作的一张鸡生肖藏书票。鸡的构图设计别具特色，以夸张的手法，刻画雄鸡纷披的羽毛、长长的羽尾，活脱脱是古代神话中的天鸡或凤凰。密集的斜线、点和圆、丰富的色彩构成了一幅别开生面的审美画面。

◆ 雄鸡

刘青2017年作

陈浩：猴隐鸡现的轮转

　　只取鸡头特写，突出眼睛和鸡喙的细腻描绘。红色的鸡冠和鸡的肉裙，流沙般的淡淡墨迹，让鸡冠和肉裙的观赏性变得更加丰富。鸡颈上淡淡的红色，勾勒出一只猴子的身影，暗示猴年已逝，鸡年到来。

　　《丁酉大吉》藏书票艺术处理有三个独到之处：一是猴去鸡来、猴隐鸡现的时光轮转；二是鸡头侧面特写；三是鸡冠和鸡的肉裙的流沙墨迹。这是陈浩独特的创意，未见他人如此描绘鸡。三者交汇一图，这张鸡生肖给人留下了深刻印象。

　　这说明，在艺术上一定不能从众，不能人云亦云，只有那些与众不同、富有创新精神的作品才能留存下来。

◆ **丁酉大吉**

陈浩2017年作

钱墨君：眉眼含笑之蛇

　　本是令人恐惧的蛇，在钱墨君的笔下变得一点儿都不可怕，反而十分可爱。蛇的双眼鼓起，眉眼含笑看着你，口吐长长的信子，似要与你亲昵。蛇身上开满花朵，这是民间剪纸常用的装饰花纹，让人感受到蛇的吉祥，它能给你带来幸福像花儿一样绽放的感觉。

　　背景阴刻的书籍，红色的印章"博学""书香"等，突出了这张蛇生肖图的"书票"功能。

钱墨君2012年作

顾炳枢：复原特勒骠

《壬午马年》刻画"昭陵六骏之一——特勒骠"。昭陵六骏是唐太宗李世民骑过的战马，它们是拳毛䯄、什伐赤、白蹄乌、特勒骠、青骓、飒露紫。为纪念这六匹战马，李世民令雕刻家阎立德和画家阎立本，用浮雕描绘六匹战马列置于陵前。

李世民陵墓昭陵位于陕西省礼泉县，昭陵北面祭坛东西两侧分列昭陵六骏，造型优美，雕刻线条流畅，刀工精细、圆润，是国宝级古代石刻艺术珍品。其中东面的第一骏即"特勒骠"。特勒是突厥人的官职名称，应是突厥人某特勒所赠。

李世民在619年曾骑特勒骠与宋金刚作战，特勒骠在这一战役中载着李世民勇猛冲入敌阵，一昼夜接战数十回合，连打八场硬仗，建立了功绩。唐太宗为特勒骠题赞："应策腾空，承声半汉；天险摧敌，乘危济难。"

昭陵六骏之特勒骠原石已呈十字破损，下肢已残，顾炳枢依原图刻画出完整的特勒骠，恢复了原石全貌，传神表现了特勒骠筋健膘肥、硕壮有力、坚定自信的形象，似可见李世民骑乘时它在兵险战危中的勇猛气势。

《羊年》和《猴年》则呈现了儿童画的稚拙面貌，亦具人类童年时期远古岩画神韵。

◆ **壬午马年**

顾炳枢2002年作

◆ 羊年

顾炳枢2003年作

顾炳枢2004年作

金章：用刀劲健

　　《柏生之书》藏书票中的龙取自古代玉雕和青铜器造型，表现了源远流长的中华文化博大精深，满怀新千年巨龙腾飞的豪情。天空中飞翔的白鸽，表达了中华民族面向未来对和平自由的美好希望。

金章2000年作

《我的书》采取带齿孔的方形邮票构图，使藏书票具有了邮票韵味。图中小马轻灵的身姿，似乎蕴藏无穷的爆发力。

《亚章藏书》采用大红大绿的民俗色彩，富有浓郁的民间美术风格。

香港藏书票艺术家金章的生肖藏书票采用木刻套印技法，用刀劲健，挥洒自如，赋形自由，造型优美。

◆ 我的书 ◆ 亚章藏书

金章作 金章作

颜国强：金石味的十二生肖

很多藏书票艺术家都创作了生肖题材的藏书票，但创作全套十二生肖的艺术家并不多，而以同一版画形式和同样风格在一张大纸上印制全套十二生肖的更少，颜国强就是这极少数艺术家之一。

十二生肖动物主图每张都以圆形构图，背景精心选择与该生肖动物相关的装饰图纹，充实了画面。每一幅藏书票四角饰蝙蝠图案。在中国古代民间，蝠与福谐音，蝙蝠代表"福"，四只蝙蝠从四角飞来，寓意五福临门（还有一福在你心中）。所以，每一张藏书票都是对新年幸福吉祥、兴旺发达的祝福。

这套十二生肖藏书票采取石版画或砖刻技法创作，是颜国强的精品之作。他以中国独有的表示属相的动物为创作题材，充分运用了象征性的艺术手法，在富有传统意味的古典形式中，使每一幅画面构图新颖，造型优美。

1998年，颜国强的《十二生肖》藏书票入选第七届全国藏书票艺术大展，2000年入选中国美术馆中华民族书画展，编入《百年经典——中国美术全集》等。十二张画印在一张大纸上，上下装饰龙凤图纹，显得古朴凝重，浑厚庄重。

◆ 十二生肖·子鼠　　　　　　　　◆ 十二生肖·丑牛

颜国强1998年作　　　　　　　　颜国强1998年作

◆ 十二生肖·寅虎　　　　　　◆ 十二生肖·卯兔

颜国强1998年作　　　　　　颜国强1998年作

◆ 十二生肖·辰龙　　　　　　　◆ 十二生肖·巳蛇

颜国强1998年作　　　　　　　颜国强1998年作

◆ 十二生肖·午马　　　　　　◆ 十二生肖· 未羊

颜国强1998年作　　　　　　颜国强1998年作

◆ 十二生肖·申猴　　　　　　　◆ 十二生肖·酉鸡

颜国强1998年作　　　　　　　　颜国强1998年作

◆ 十二生肖·戌狗

颜国强1998年作

◆ 十二生肖 · 亥猪

颜国强1998年作

刘琛：以小见大　见微知著

　　刘琛创作的《牛和鼠》藏书票，以牛角为主体，本应归入牛生肖系列，然而抽象的牛角上的一只小小的老鼠，才是画面中吸引人视角的焦点。

　　这只活灵活现的小老鼠，使得牛角和一层层大山都成了陪衬。而最能见艺术家功力的，也正是这只惟妙惟肖的小老鼠。

　　在艺术的创造中，以小见大，见微知著，才是艺术的精髓所在。

　　刘琛创作的《虎》藏书票中将虎的形象描刻得飞腾起舞，仰天长啸，以精细的木刻线条，在单纯的黑白色调中，表现了虎的生命活力和激情。

◆ 牛和鼠　　　　　　　　　　　　　　　◆ 虎

刘琛1999年作　　　　　　　　　　　刘琛1998年作

后　记

　　回溯这套丛书的写作缘起，要从1998年夏天的一次采访说起。那天我走进红桂路的深圳市文学艺术界联合会办公楼，采访深圳市美术家协会主席骆文冠，其间他谈到刚刚在深圳举办的第七届全国藏书票大会，他负责此次大会的筹办工作。谈到兴奋处，他拿出他的两张藏书票当场签名送给了我。

　　这两张藏书票，为我打开了藏书票收藏的大门。而引导我走上藏书票收藏之路的，则是郁田。当时，骆文冠看到我对第七届全国藏书票大会感兴趣，向我介绍了坐在不远处办公桌前的郁田："他就是第七届全国藏书票大会组委会办公室主任。"

　　很快，我和郁田就成了朋友。谈到藏书票，他有一种抑制不住的兴奋和激情，这种兴奋和激情点燃了我、诱惑着我，让我走进了郁田位于罗芳村的住处。

　　这是市郊偏僻处一间简陋的出租屋，想不到这个狭小的空间竟是藏满艺术品的殿堂！郁田向我一张张展示、一张张讲述邵克萍、梁栋、力群、杨可扬、赵志方等艺术家的藏书票，艺术的魅力让人顿觉心胸开阔！

　　郁田语速极快，声如洪钟，语气肯定，全然看不出蜗居小小出租屋的窘困，取而代之的是舍我其谁，豪气干云。

第一次到郁田住处，他送给我十多张他创作的藏书票，其中有《有书真富贵 无读不丈夫》《菜根香诗书滋味长》《不可一日无此君》《无车少弹剑 有肉多读书》等，这是我收藏的第二批藏书票。

记得那晚走在郊野归途，月色微明，星光满天，完全没有刚刚出自陋室的感觉，而是"书中自有黄金屋"。郁田为我疾速翻动的一张张藏书票，仿佛化作一只只纸鸢白鹤，漫天飞舞。踏月而行，只闻梵音袅袅，绿叶清香，悠悠千古，唯此独馨……

由此，我走上了藏书票收藏之路，这就是这套丛书的缘起。

那是藏书票的春天，当然，更准确地说，是我的春天。当时，按照郁田给我的第七届全国藏书票大会名录，我给每一个入选画家写了一封信，寄上我的书，还有我的火花（火柴盒贴画）等收藏品。很快，我收到了几乎所有入展画家的藏书票作品。

从收藏到研究，到写作，每收藏一张藏书票，我都要撰写鉴赏文字和画家简介，将这些文字和藏书票发表在报刊上，有的报刊为我开辟了藏书票鉴赏专栏。2002年7月，辽宁画报出版社出版了我的第一本藏书票专著《藏书票鉴赏》，这也是中国第一本关于藏书票鉴赏的专著。《藏书票鉴赏》后记记载了那段难忘的时光：

"其间有几段时间，对藏书票的收藏几乎进入无我忘我的痴迷境界，我几近疯狂地给全国各地和世界各地的藏书票艺术家写信，有时一天就寄出100多封信。收藏同时也是研究，伴随着我写的一些藏书票收藏鉴赏文章在报刊发表，藏书票收藏之风在中国风起云涌……"

《藏书票鉴赏》的自序中，也介绍了当时藏书票在中国收藏界脱颖而出的情况——

2002年3月底的一天晚上，我正在敲击电脑键盘，突然接到《收藏》杂志主编杨才玉先生的电话。

杨才玉先生告诉我，他正在编撰一本中国收藏年鉴，拟将藏书票内容作为专门章节收入其中，因我在《收藏》杂志连载藏书票收藏投资的文章曾产生一定影响，他请我推荐一个权威撰稿人。

这使我感到欣慰。10年前，藏书票"养在深闺人未识"，然而，"天生丽质难自弃"，今天她终于脱颖而出，在收藏品门类中占有了不可低估的一席之地。

藏书票在收藏市场上逐渐被人所认识，并成为收藏宠儿。这正应了一句俗话：是金子总会发光的。

那几年，在我的众多收藏品中，藏书票成了我最喜爱也是付出心血最多的藏品类别，不仅收藏数量与日俱增，我还与艺术家建立了广泛的联系和深厚的友谊，而且在研究深度上也与时俱进，为中国藏书票事业的发展鼓与呼，为中国藏书票走向市场撰写了系列文章，使得藏书票收藏理念逐步为人们所接受。

《藏书票鉴赏》的自序中还记载："这本书正是我收藏和研究的一个总结。同时，'书中蝴蝶：中国当代藏书票'系列丛书仍在日夜兼程地撰写中。"

《藏书票鉴赏》后记中，也记述了"中国当代藏书票"丛书写作的进展情况："收藏藏书票的结果是这本书的出版，还有整理出来的20多本藏书票专题藏集。收入专题集中的藏书票我都配写了鉴赏评介文字，也就是说，这些专题集已经成为书稿（定名为'书中蝴蝶：中国当代藏书'系列丛书），它们将随着我的日积月累一本本出版，向世人展示藏书票惊人的美。"

《藏书票鉴赏》后记写于2002年4月22日，至今已逾20年，也就是说，"书中蝴蝶：中国当代藏书票"丛书在20多年前已经成形（写作始于1998年），又经过20多年的不断调整和补充完善，最终完成这套丛书。其间，上海科技教育出版社2005年2月出版了《纸上宝石——藏书票收藏投资》，是中国第一本关于藏书票收藏投资的专著；北京金盾出版社2016年出版了《中国藏书票艺术鉴赏》，是中国第一本按版别论述藏书票鉴赏的专著；中国统计出版社2018年出版了《中国当代藏书票25家》，是对藏书票艺术家及其作品进行评论和鉴赏的一本专著。

这4本专著都是"书中蝴蝶：中国当代藏书票"丛书的衍生品，同时丰富、充实和深化了"书中当代藏书票"丛书的内容，它们是相辅相成的关系。

"书中蝴蝶：中国当代藏书票"丛书共10册，分别为《闲看儿童捉柳花：晶莹童心》《朱雀桥边乌衣巷：风景名胜》《媚眼含羞丹唇笑：妙曼佳人》《万树桃花月满天：人物风华》《水光潋滟山色空：明山秀水》《莺争暖树燕啄泥：灵性动物》《多少楼台烟雨中：古典雅韵》《且寻歌舞赏明春：文学艺术》《兰叶葳蕤桂华皎：植物芳菲》《虎啸空谷兔月开：十二生肖》，它是中国第一套按专题介绍当代藏书票艺术的全彩图文丛书，以藏家藏品的优势，对藏书票按专题进行研究、鉴赏、论述和介绍。丛书精选笔者20多年收藏的藏书票原作3000余张，大多是入选国际和全国藏书票展的作品，部分是获得国际和全国藏书票大奖的作品。这些作品体现了当代藏书票老中青多梯队代表性艺术家和创作者的水平。

该丛书也是笔者与藏书票艺术家20多年来交往的友情结晶。丛书严格遵循只写采访过或交流过的艺术家这一原则，列入丛书的藏书票艺术家都是笔者接触过、采访过、交流过的艺术家，收入书中的藏书票都以藏品原作为依据，以保持著作内容的真实性和严谨性。

"书中蝴蝶：中国当代藏书票"丛书是一套个性化鉴赏丛书，是个人业余爱好和痴迷的产物，并非学术专著，其观点、评论、鉴赏文字仅是个人一孔之见，不具权威性，也不追求权威性。正如诸多艺术家说，他们的藏书票是玩出来的，这套丛书亦如是。

其实，艺术的起源就是玩，人类的童年玩泥巴，玩出了陶器、瓷器、泥塑等；人类的童年爱刻画，刻出了石雕、玉雕、木雕、砖雕等。至今小孩子还是爱玩泥巴，爱乱刻乱画。玩是人类的天性，美是天然的性灵之光，一切文学艺术都是玩出来的。这也正是笔者在写作这套丛书及鉴赏艺术家作品时的感悟。

"书中蝴蝶：中国当代藏书票"丛书并非科学著作，各本专题并非科学意义上的严格分类。如《莺争暖树燕啄泥：灵性动物》将鱼类、飞禽归于此书，用的是泛动物的概念，是收藏实践中专题收藏的结果。所以丛书的10大专题只是大致分类，是收藏学意义上的分类，其宗旨是让读者对同题材作品有一个比较鉴赏的可能，从而获得艺术鉴赏的趣味性。

从收藏角度说，专题收藏是收藏的高级境界；从研究角度说，专题越小，难度越大，而研究更见深度。藏书票题材包罗万象，本丛书从10个专题切入，难以穷尽所有题材。有时为了更全面、完整地展现艺术家作品，在专题取舍和安排上难免有所交汇，但交汇中有侧重，或为了均衡而有所妥协。现在这10本书的专题是经过不断调整后的最终可行性选择。

每本书中的藏书票作品以艺术家为专题进行介绍和鉴赏，也是不断谋篇布局、不断调整后的最终选择。艺术家随机排序，不分排名，有的是根据专题排序，如《且寻歌舞赏明春：文学艺术》，最初是按四大古典名著、戏剧、歌舞、乐器等分类排序，后在不断补充调整中有所穿插，形成了最后的随机格局；《莺争暖树燕啄泥：灵性动物》，最初是按狮子、骆驼、猫、鱼类、飞禽等动物类别排序；《虎啸空谷兔月开：十二生肖》，最初是按龙、虎、兔、蛇等生肖专题介绍，后发现如此将艺术家分散在各个生肖中过于零散，又调整为按艺术家为专题介绍，但各生肖专题的原顺序仍部分保留下来。所以，每本书都不是按艺术家的重要性排序，而是按藏册专题原本顺序排序，有的是按收藏的先后顺序，皆为随机排序，排名不分先后。

"书中蝴蝶：中国当代藏书票"丛书是当代中国藏书票艺术家、藏书票作者、藏书票收藏家、藏书票爱好者合力的结晶。

感谢中外数百位藏书票艺术家！20多年来，我这样以书会友、以票会友，不亦乐乎！感谢大家真诚而热情地支持我的爱好，寄来最好的作品，成就了我的一本本藏书票图书，使藏书票艺术和藏书票文化得以传播和传承。每当我对他们表示感谢时，竟有多位艺术家的回答不约而同，一字不差："不用谢，这是我们共同的事业！"当我也说惯了这句话，对其他艺术家脱口而出时，又有多位艺术家不约而同对我说出另一句话："这是我们共同的爱好！"每逢此时，我真的铭心感动。

有些作品收入丛书中的艺术家已离我们而去，其中有力群、杨可扬、邵克萍、梁栋、杨涵、李平凡、赵志方、吴俊发、张信让、李家新、冒怀苏、冉茂魁、廖有楷、刘琛、莫测、瞿安钧、郝伯义、侯秀婷、张文荣、朱荫能、董旭、杨忠义、张家瑞等，无数次面晤畅谈、书信往来、电话交流、谈艺论画，他们用美丽的线条和丰富的色彩装饰了我的梦。如今，他们写给我的书信仍带有温馨，寄给我的藏书票仍散发着芳香，藏书票以一种最好的方式，延续着他们的精神——艺术不死，灵魂不灭。这套丛书正是对他们的真情感恩和永恒纪念。

感谢读者的厚爱和鼓励！很多读者来信来电，说他们看了我的藏书票书和文章后，从此爱上藏书票，走上了藏书票收藏之路，有的还走上了藏书票创作之路，这是令人欣慰的，也是我写作这套藏书票丛书的动力。

感谢天津教育出版社的领导对这套丛书出版的大力支持和指导，感谢副总编辑王轶冰博士对这套丛书的精心策划、殚精竭虑，感谢责任编辑对这套丛书字斟句酌，感谢金城出版社的领导对这套丛书出版发行的大力支持，感谢两家出版社所有为这套丛书付出心血的同仁！感谢清华美院博士杨晋老师作为特邀书装总设计，在百忙中耗时两年多投入这套丛书的设计工作！

沈泓

2024年6月

图书在版编目（CIP）数据

虎啸空谷兔月开：十二生肖 / 沈泓著 . — 天津：
天津教育出版社，2024.6
（书中蝴蝶：中国当代藏书票）
ISBN 978-7-5309-9039-1

Ⅰ . ①虎… Ⅱ . ①沈… Ⅲ . ①藏书票 – 中国 – 图集
Ⅳ . ① G262.2–64

中国国家版本馆 CIP 数据核字 (2024) 第 090264 号

书中蝴蝶：中国当代藏书票
虎啸空谷兔月开：十二生肖
SHUZHONG HUDIE ZHONGGUO DANGDAI CANGSHUPIAO
HUXIAO KONGGU TUYUEKAI SHIER SHENGXIAO

出 版 人	黄 沛	丁 鹏

作 者	沈 泓	
选题策划	王轶冰	
特约策划	丁 鹏	
项目执行	常 浩	
装帧设计	杨 晋	
责任编辑	谢 芳	张 清

出版发行	天津出版传媒集团	金城出版社有限公司
	天津教育出版社	
地 址	天津市和平区西康路 35 号	北京市朝阳区利泽东二路 3 号
邮政编码	300051	100102
经 销	新华书店	
印 刷	鑫艺佳利（天津）印刷有限公司	
版 次	2024 年 6 月第 1 版	
印 次	2024 年 6 月第 1 次印刷	
规 格	787 毫米 ×1092 毫米 1/32 开	
字 数	180 千字	
印 张	10.25	

定 价	88.00 元